Viskningar i sten
Ögonblick av evighet på Ale stenar.

©2023 Somerled Karlsson>
All rights reserved.
Förlag: Fairyhill Art
ISBN:978-91-527-4502-1

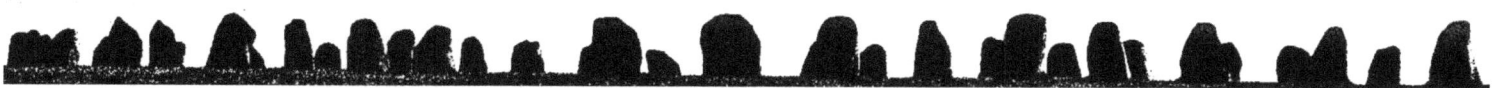

Viskningar i sten
Ögonblick av evighet på Ale stenar.

Somerled Karlsson

Välkommen till en fotobok om Ale stenar och Kåseberga!

Denna bok tar dig med på en visuell resa till en av Sveriges mest fascinerande platser. Med hjälp av inspirerade fotografier får du uppleva Ale stenars mystiska skeppssättning och den gamla fiskebyn Kåseberga på Österlen. Utforska de historiska och kulturella aspekterna av denna unika plats och låt dig inspireras av dess skönhet och charm.

Kåseberga är en liten fiskarby på den svenska sydkusten i Skåne. Den ligger mellan Ystad och Simrishamn.
Byn är känd för sin imponerande forntida monumentplats Ale stenar, men har också en rik historia och en charmig nutid.

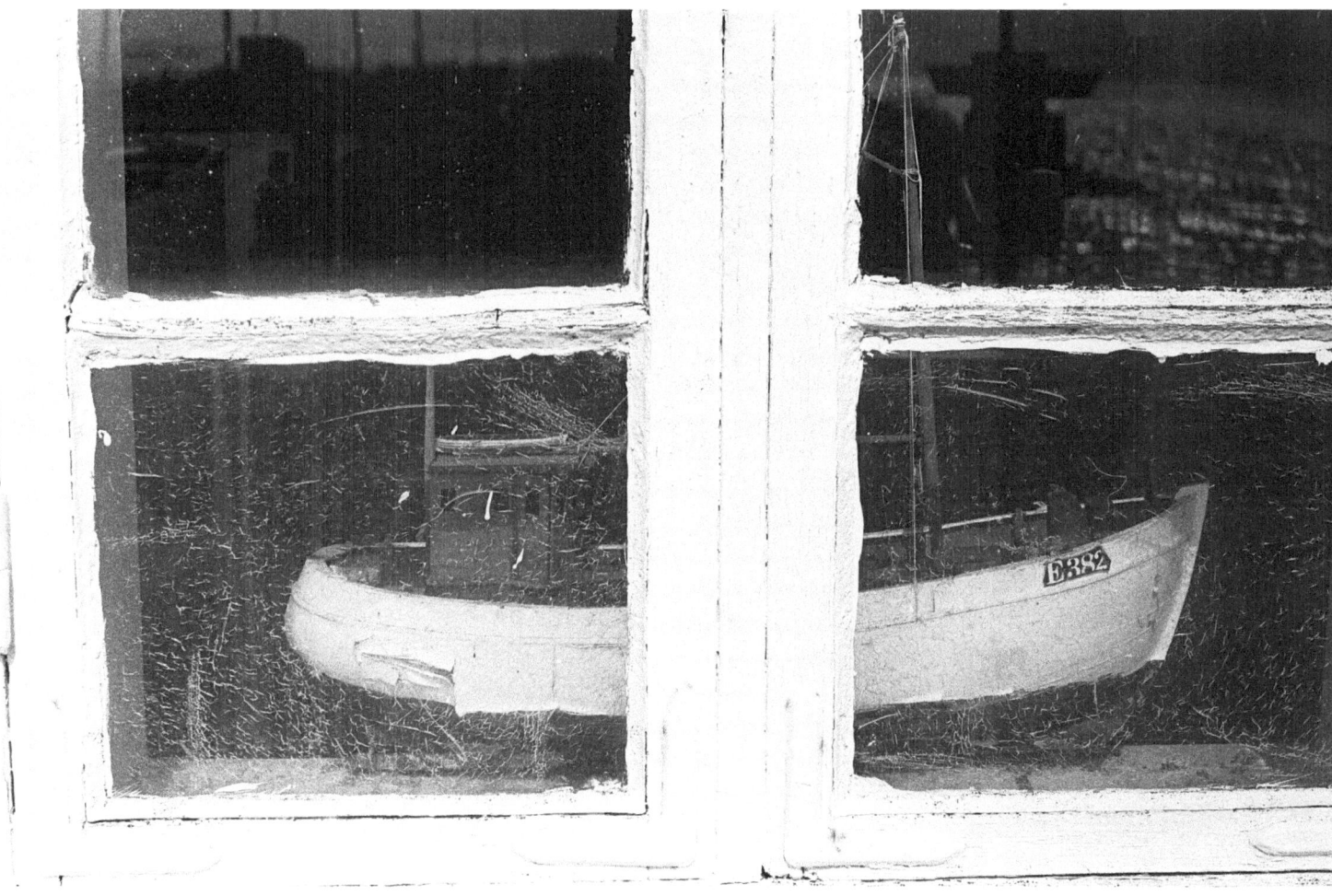

Kåseberga har en lång historia som sträcker sig tillbaka till vikingatiden. Platsen har varit en viktig hamn för fiske och handel under århundraden.

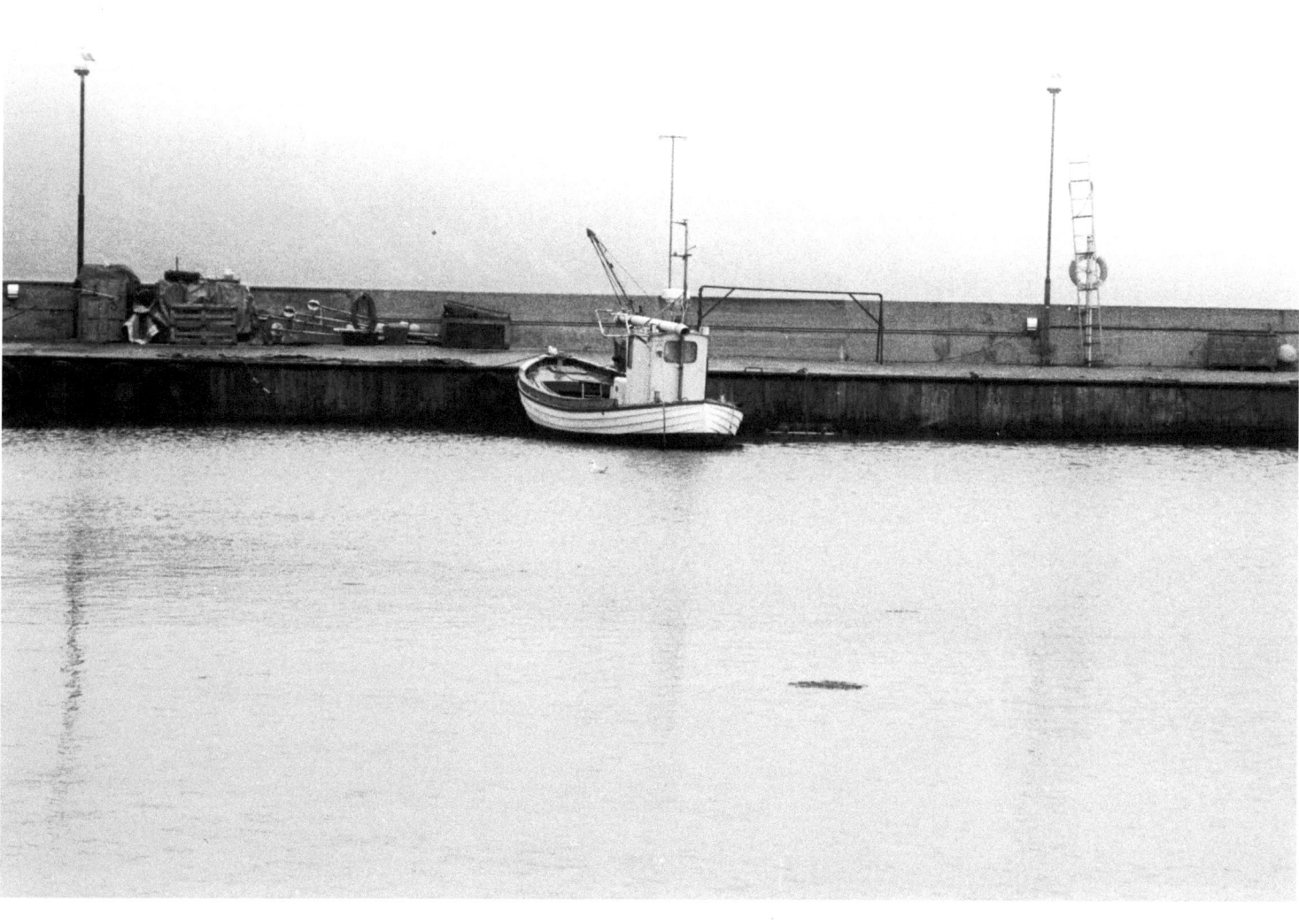

En av **Kåsebergas** främsta attraktioner är dess fiskeläge. Byn är också känd för sina rökta fiskar, som är en delikatess i Skåne. Besökare kan avsmaka dem på flera av de lokala restaurangerna.

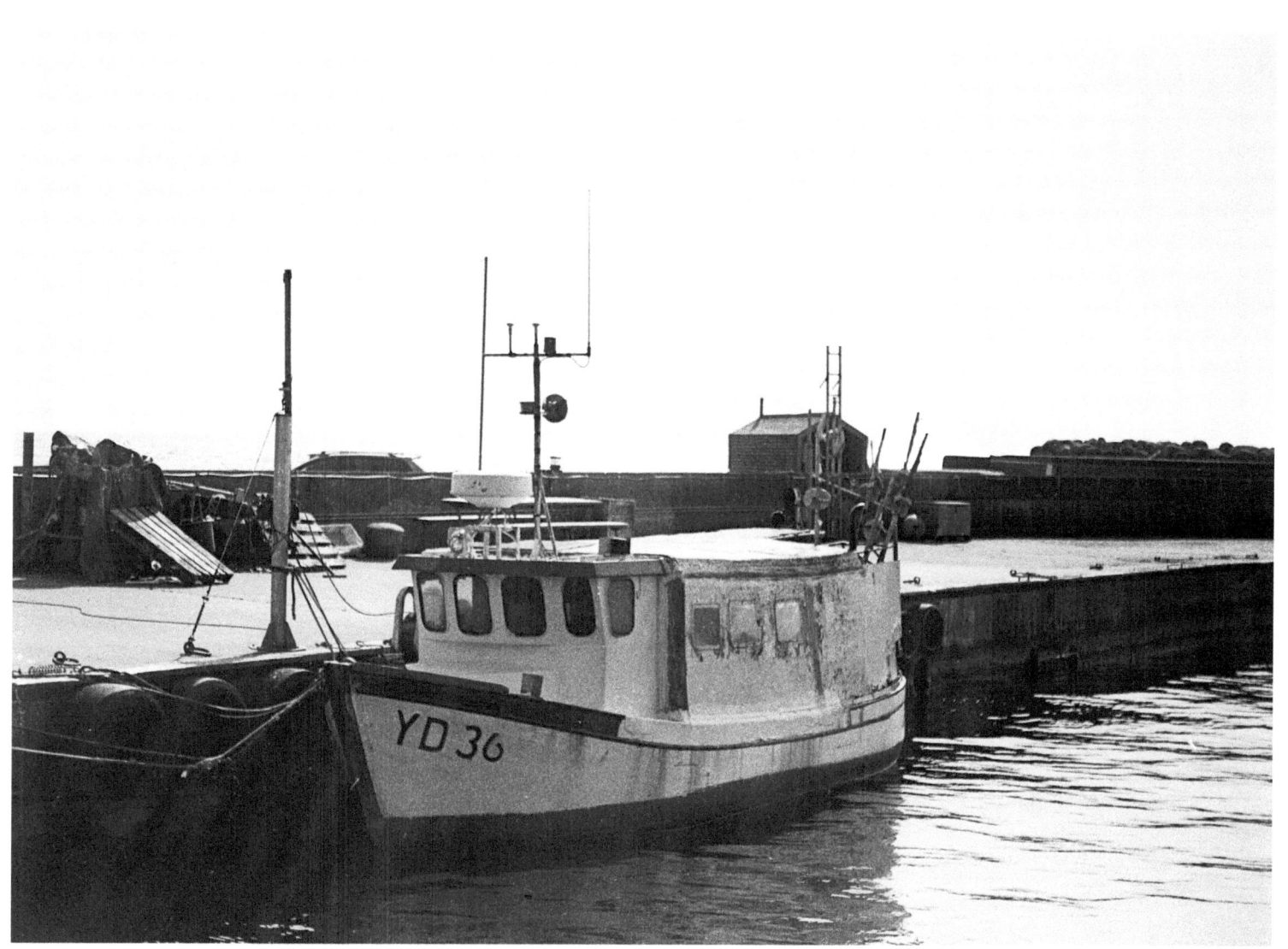

Kåseberga är en unik och charmig by som har mycket att erbjuda besökare, både i form av sin rika historia och sin nutida kultur.

Idag är Kåseberga en av Sveriges mest besökta platser. Byn har behållit sin traditionella charm och känsla, med pittoreska vägar och små fiskebodar som ligger längs hamnen.

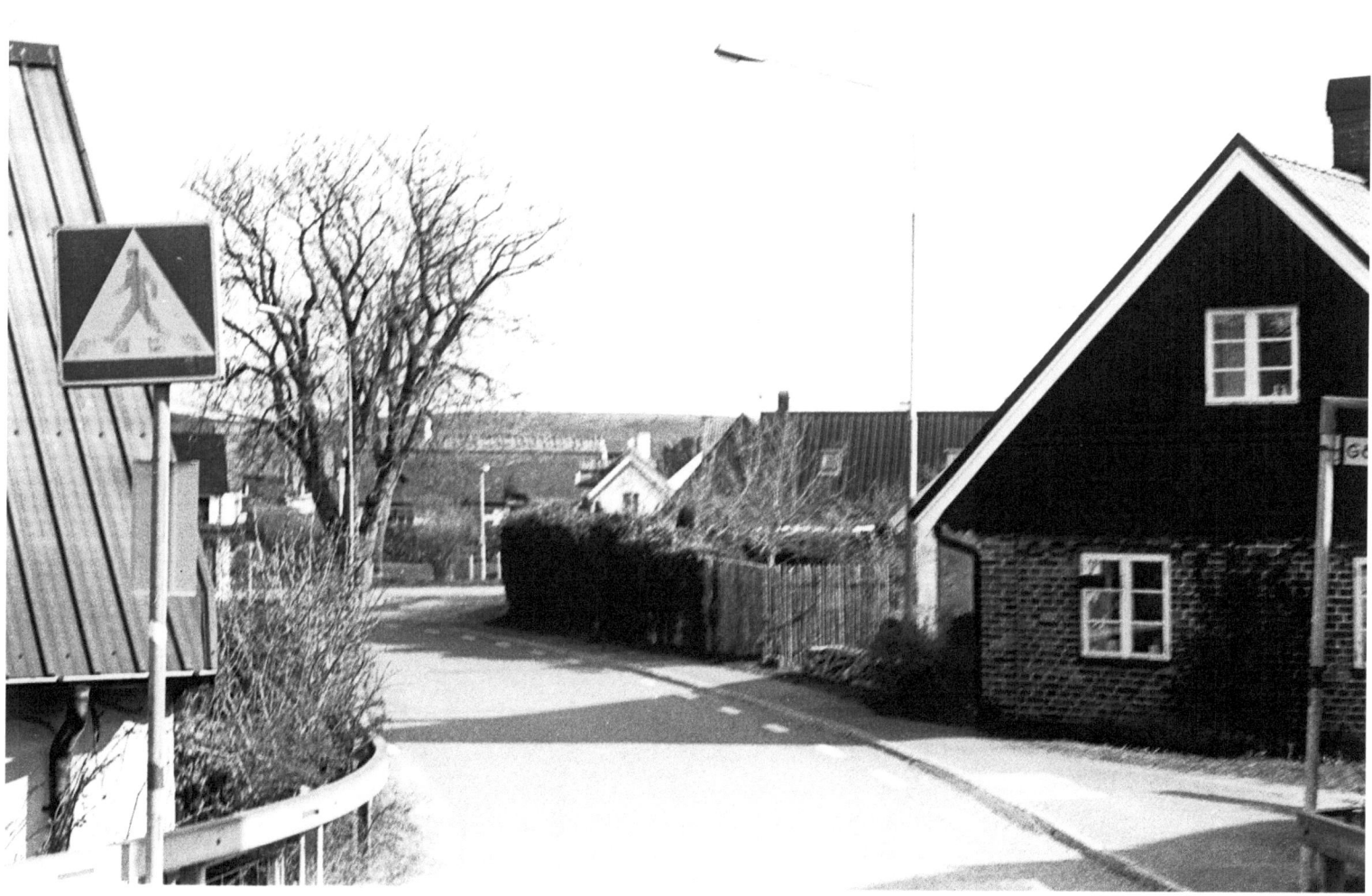

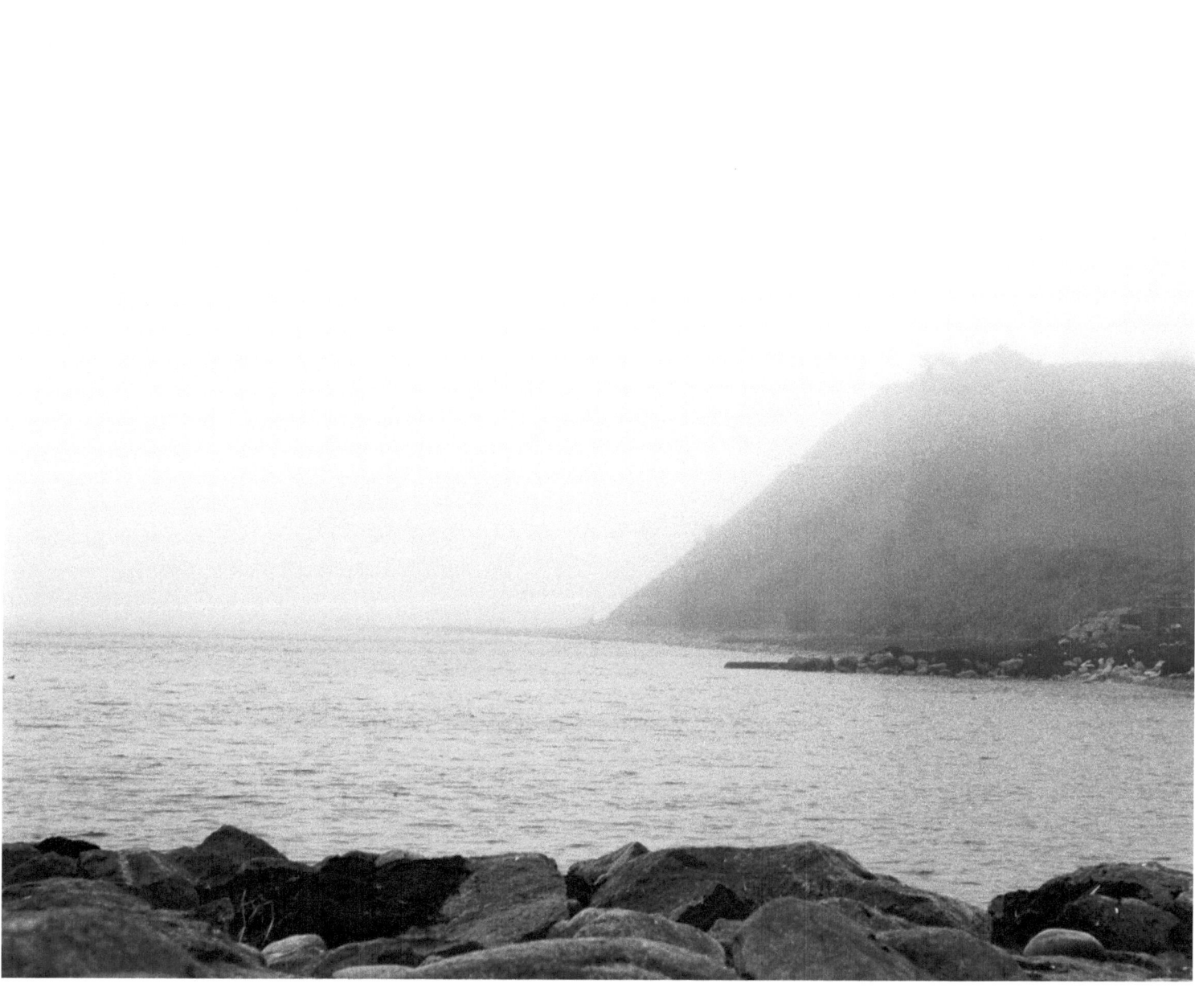

Vid Ale stenar står jag still, lyssnar till tystnadens viskningar.
Här kan man höra hjärtats slag, och andas in tidlösa berättelser.

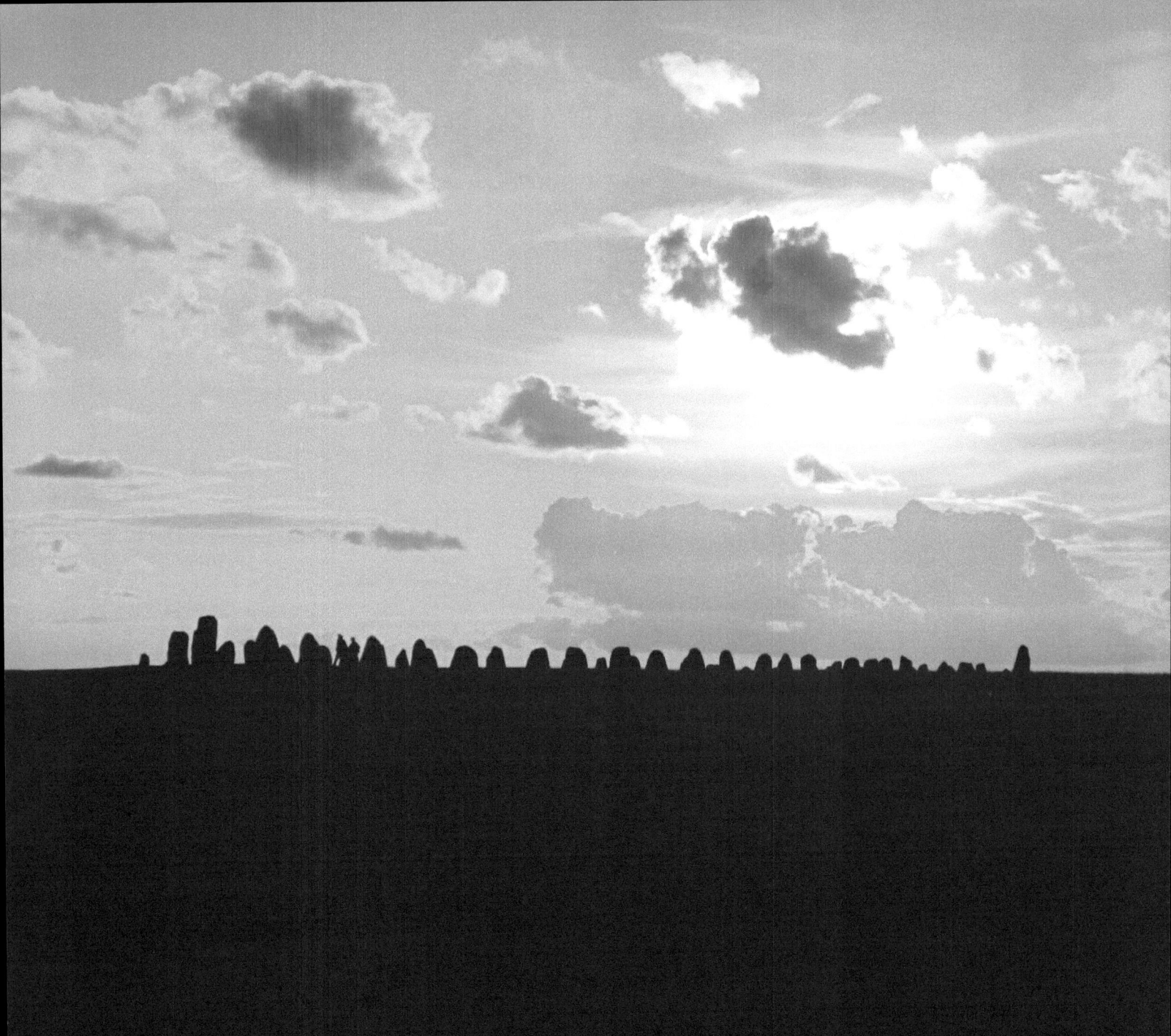

I den ljusa natten står de tysta och stora, de stenar som fordom restes.

Sommarsolståndets magi är fullkomlig när de gamla stenarna reflekterar solens guld. Och för en kort stund kan man förnimma, en känsla av evighet.

Sommarsolståndet vid Ale stenar. En dag att minnas, då solen står högt på Kåsehuvud.

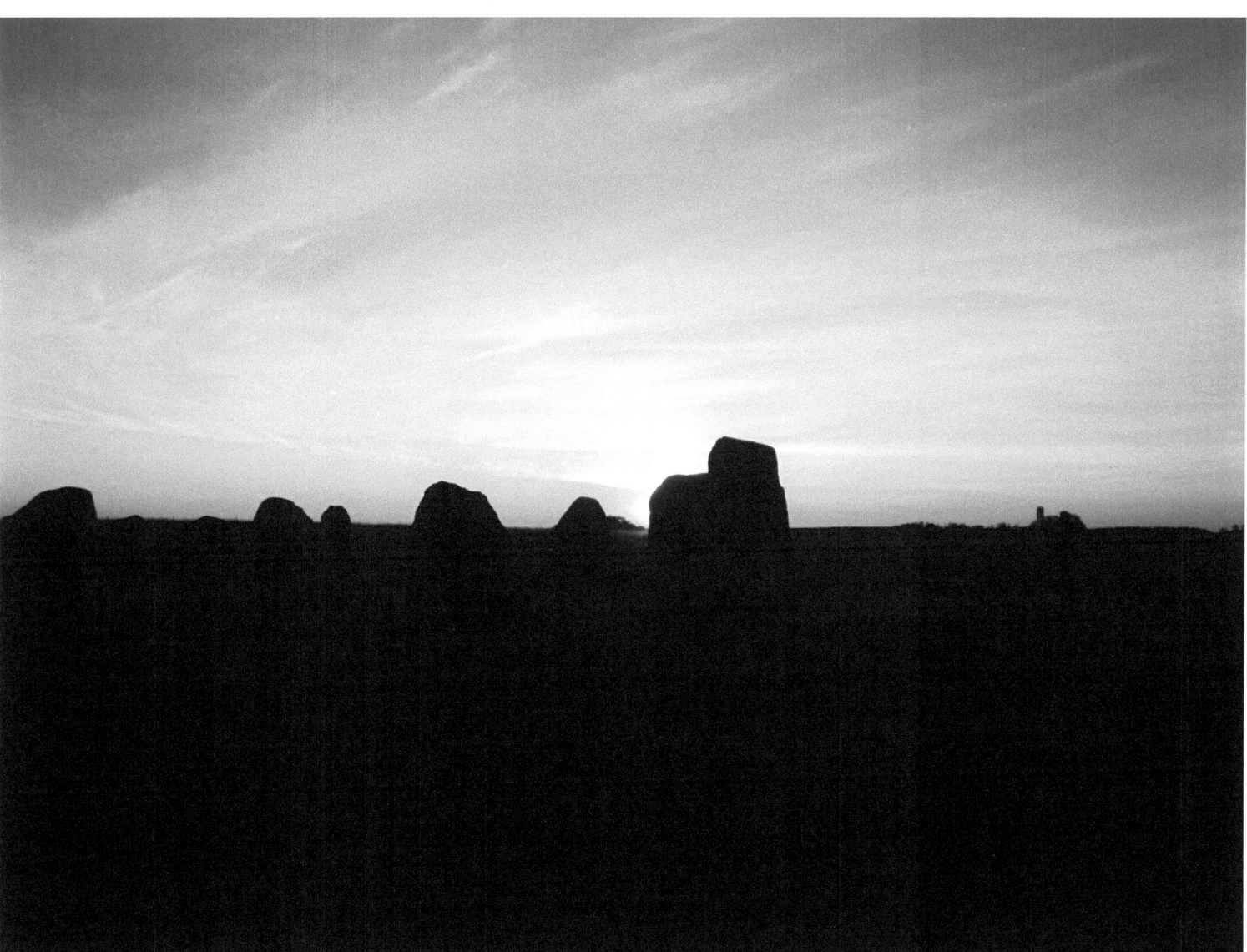

När dimman smyckar de gamla stenarna med sin slöja, dansar en aura av mystik runt dem.

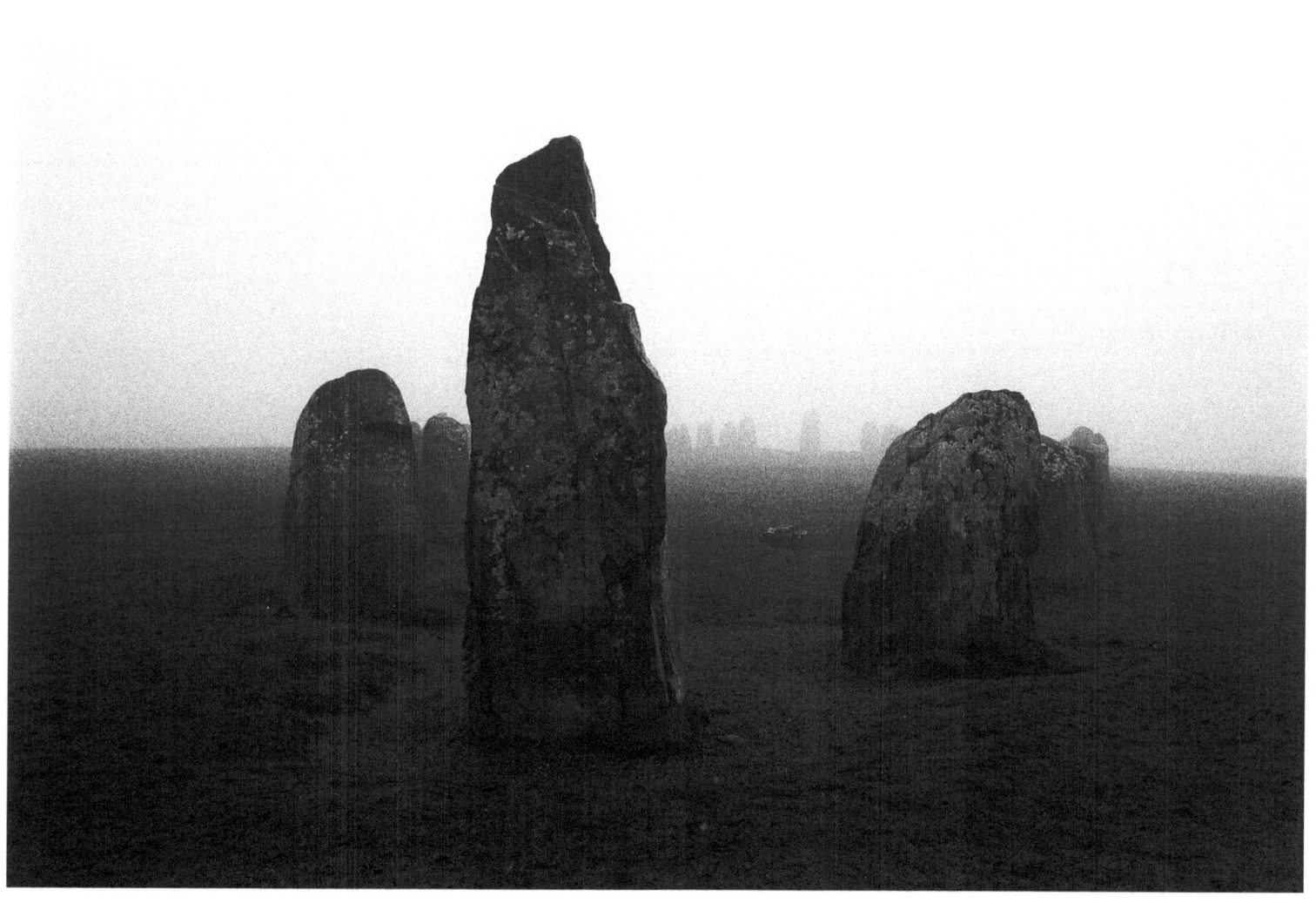

Dimman kastar en förtrollande glans över de väderbitna ytorna. Stenarna vaknar till liv, omfamnade av en förunderlig vals mellan ljus och skugga.

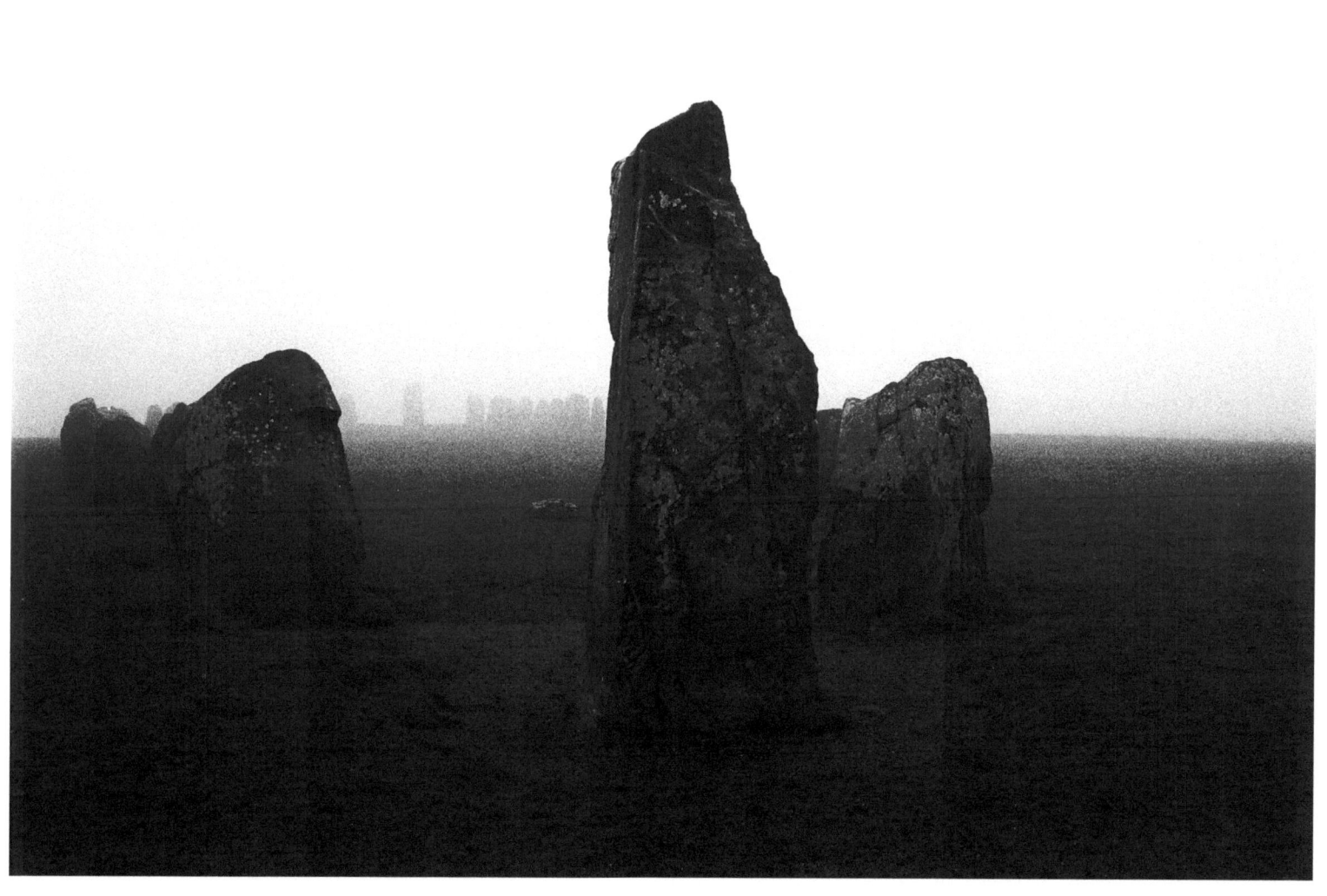

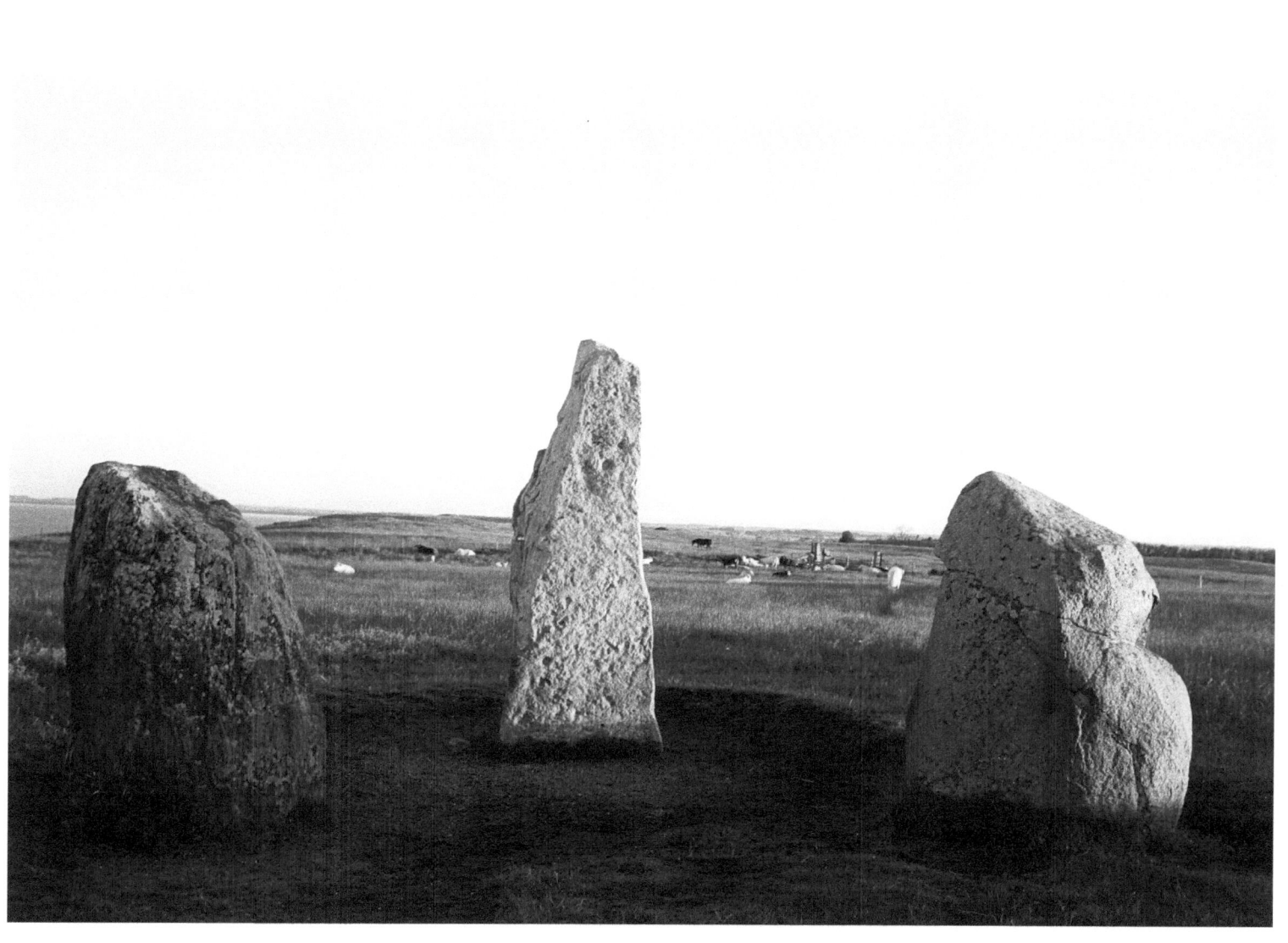

En glimt av evighet vid Ale's stenar

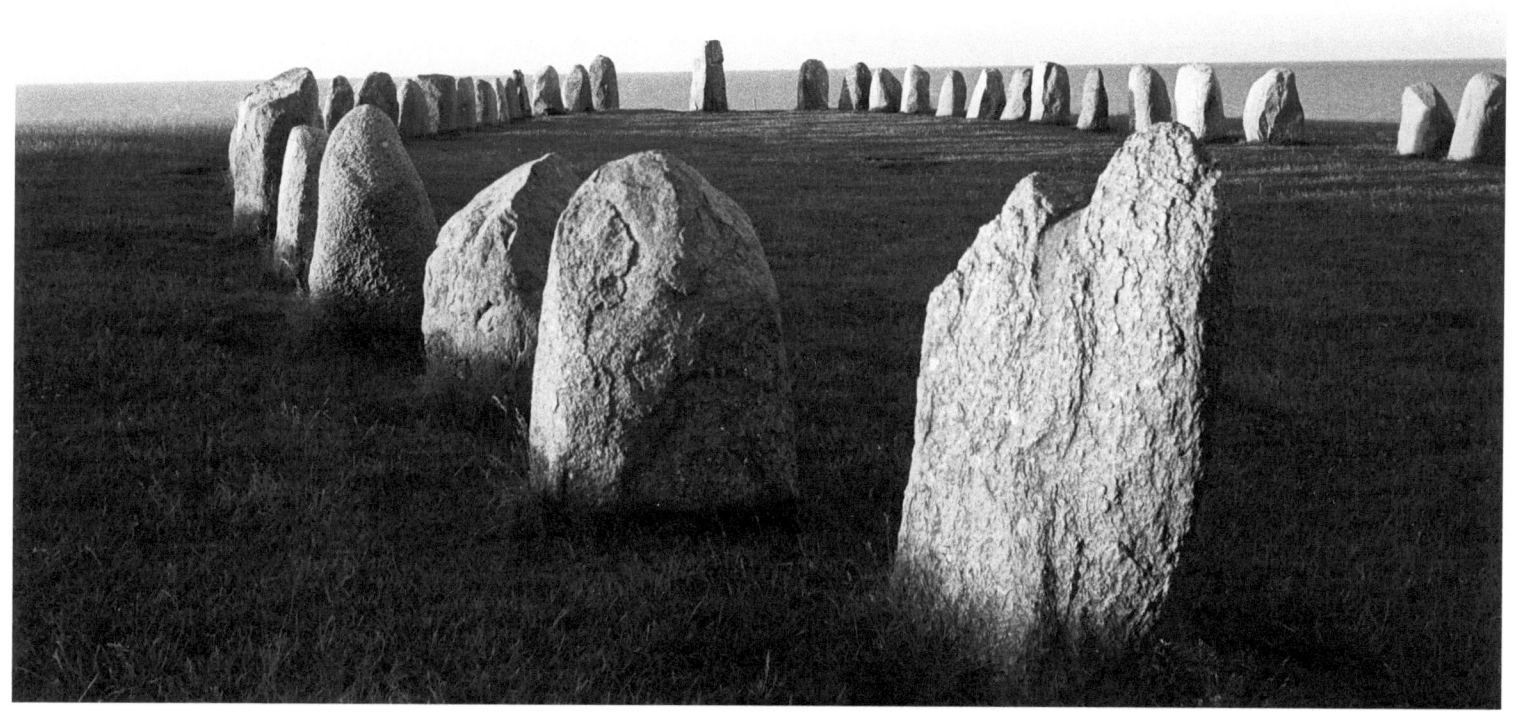

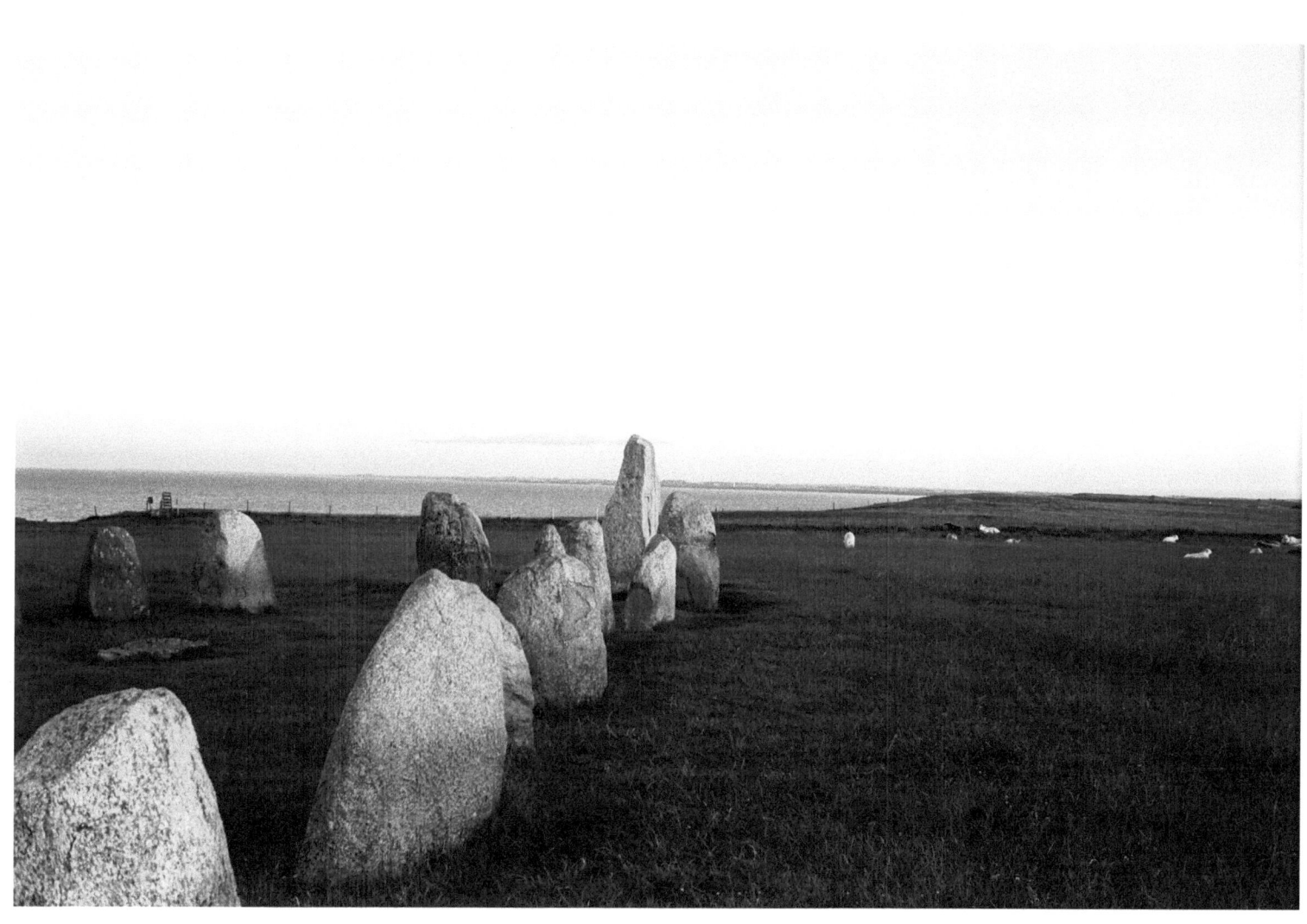

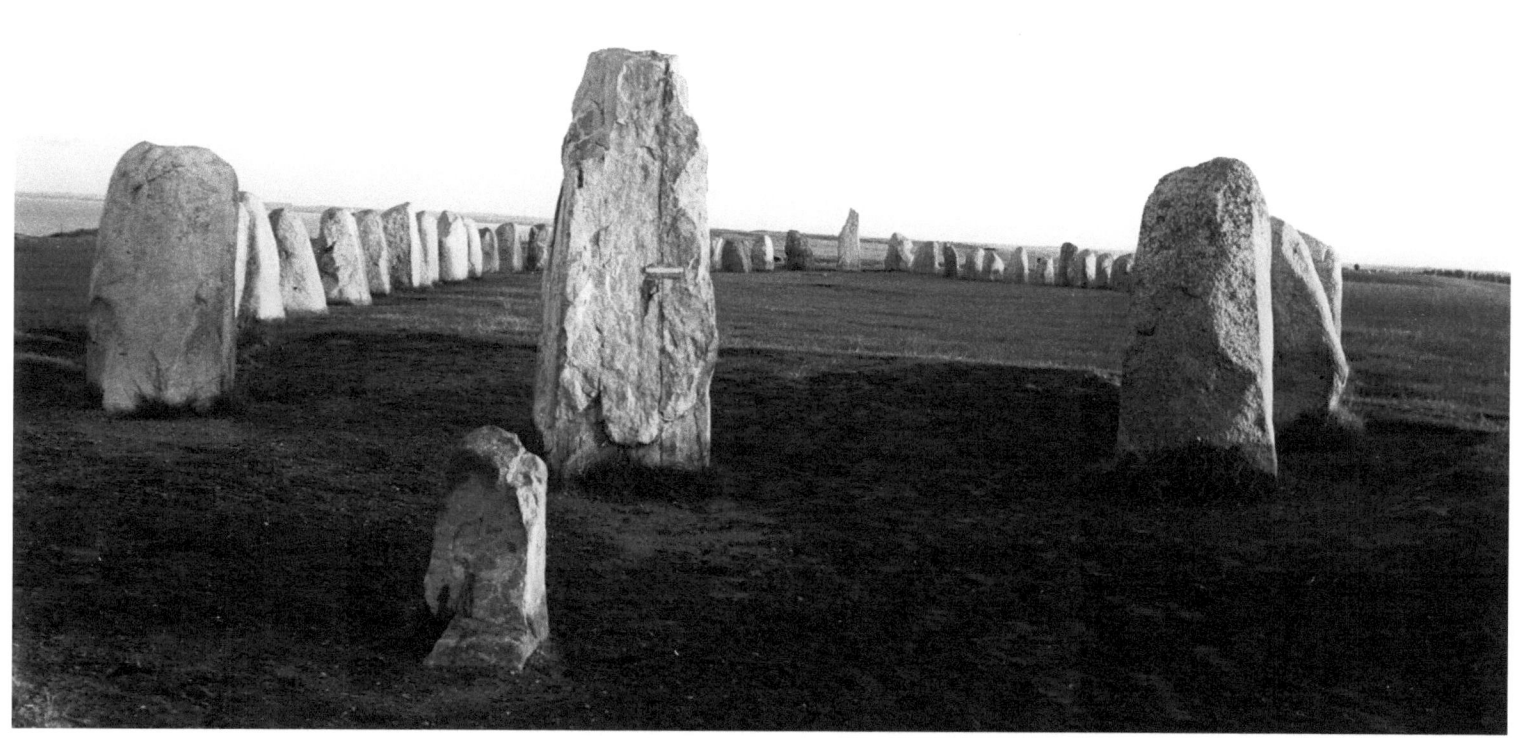

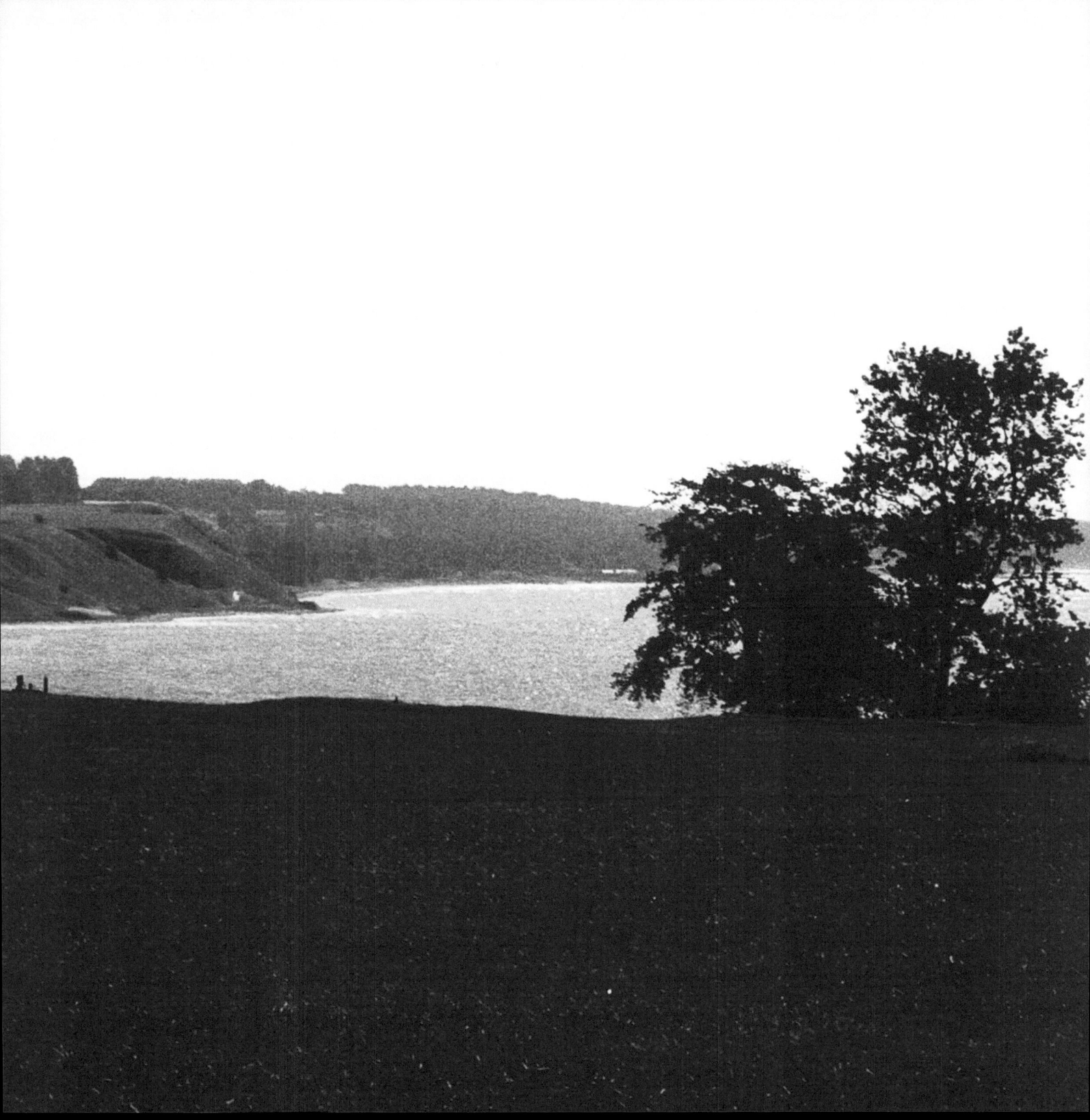

I eftermiddagens solsken utspelar sig en pittoresk scen, runt Ale stenar.
Flockar av får vandrar fritt bland de uråldriga stenarna. Mot havets bakgrund betar de fridfullt.

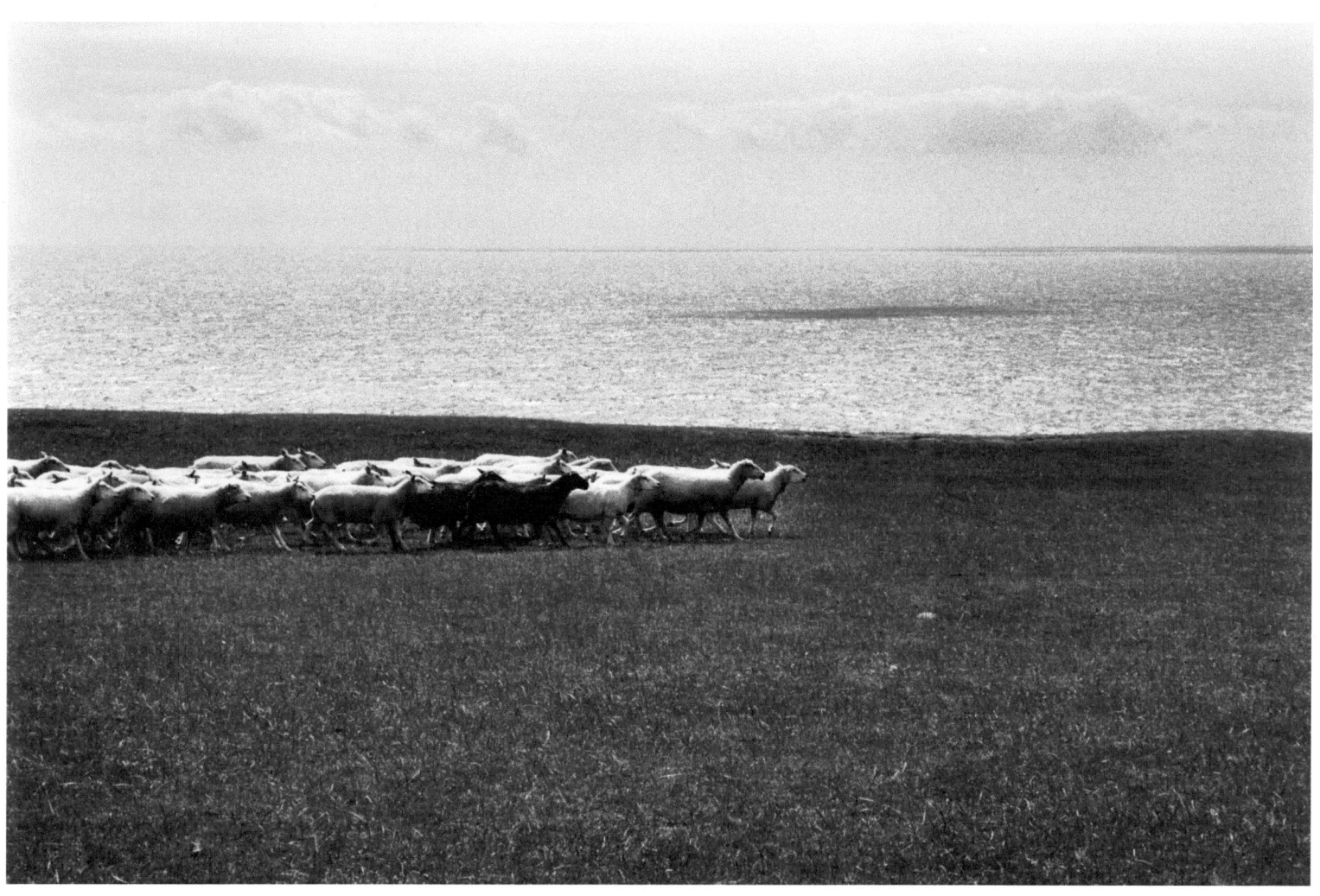

Med varje tugga väver de en symfoni av rytm, en melodi av fridfullt lugn.

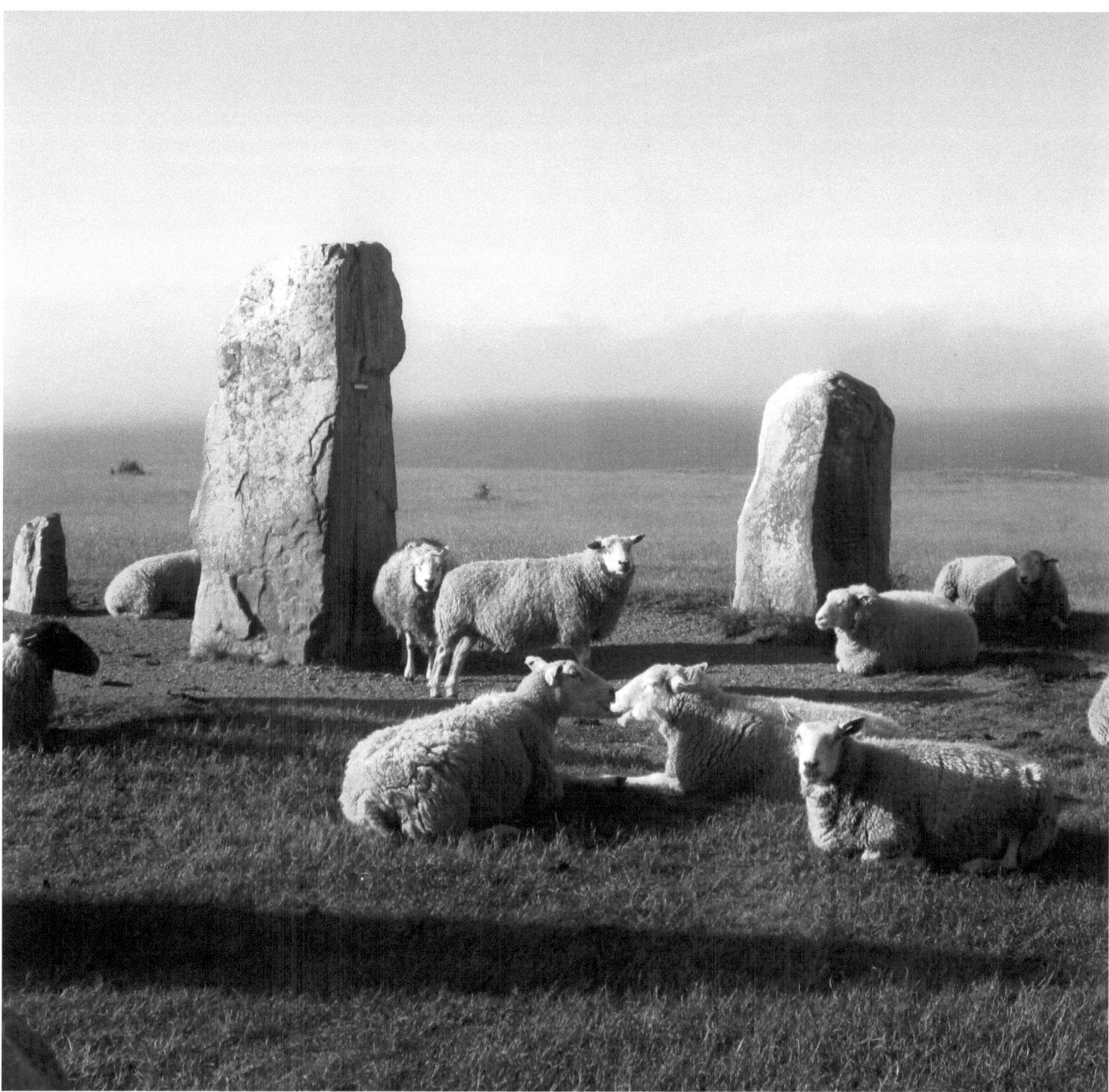

Den eviga dansen mellan de betande fåren och de uråldriga stenarna skapar en stillsam tavla av ögonblicklig skönhet.

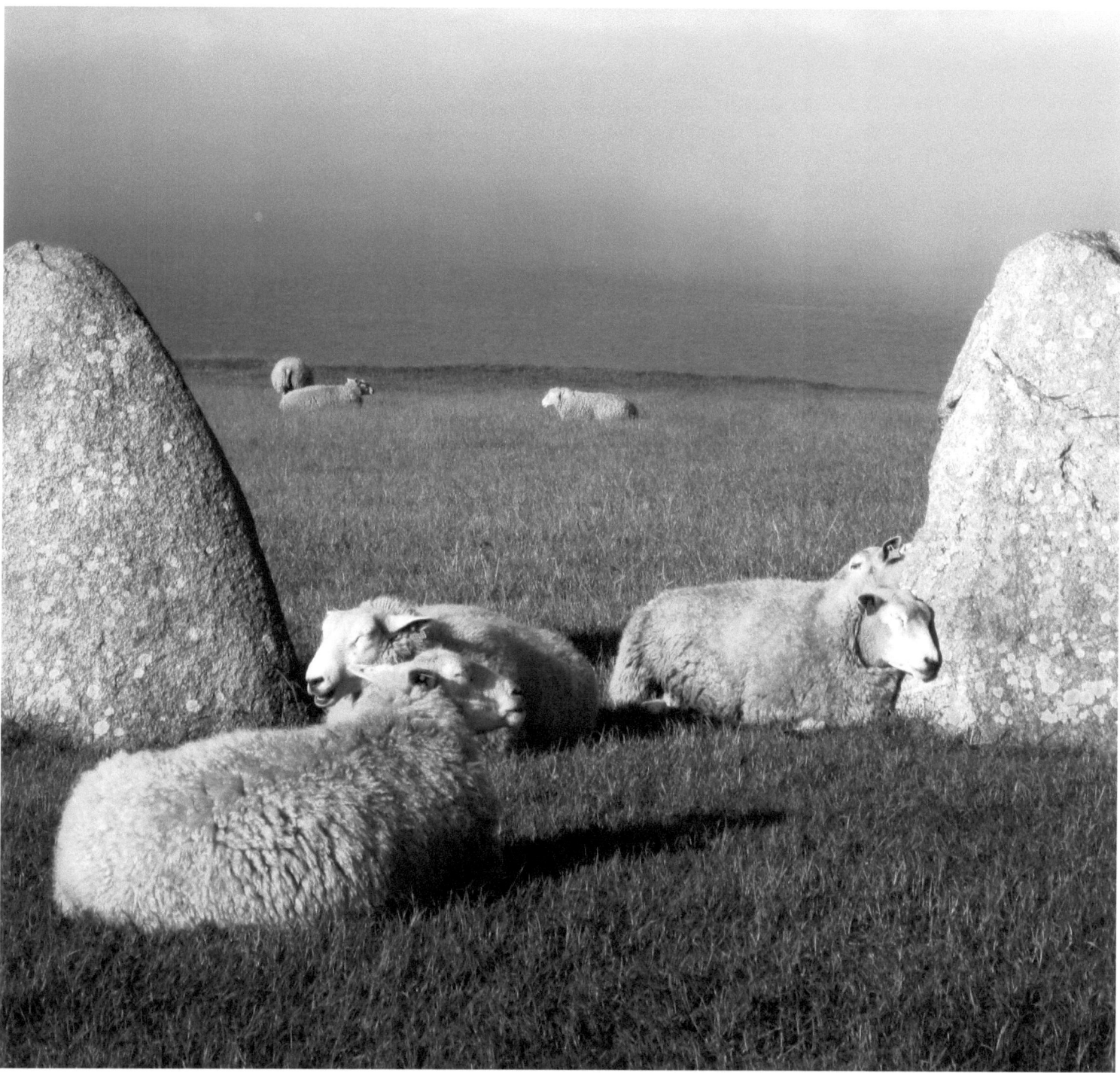

En stävstens betraktelser

Ett hav av tankar rör sig inom stävstenen vid Ale stenar. Ett tyst vittnesbörd om de stora händelserna som den har bevittnat genom åren.

Stenen undrar över människornas strävan och hur deras öden utspelar sig. Den fortsätter att vakta över platsen som är dess hem.

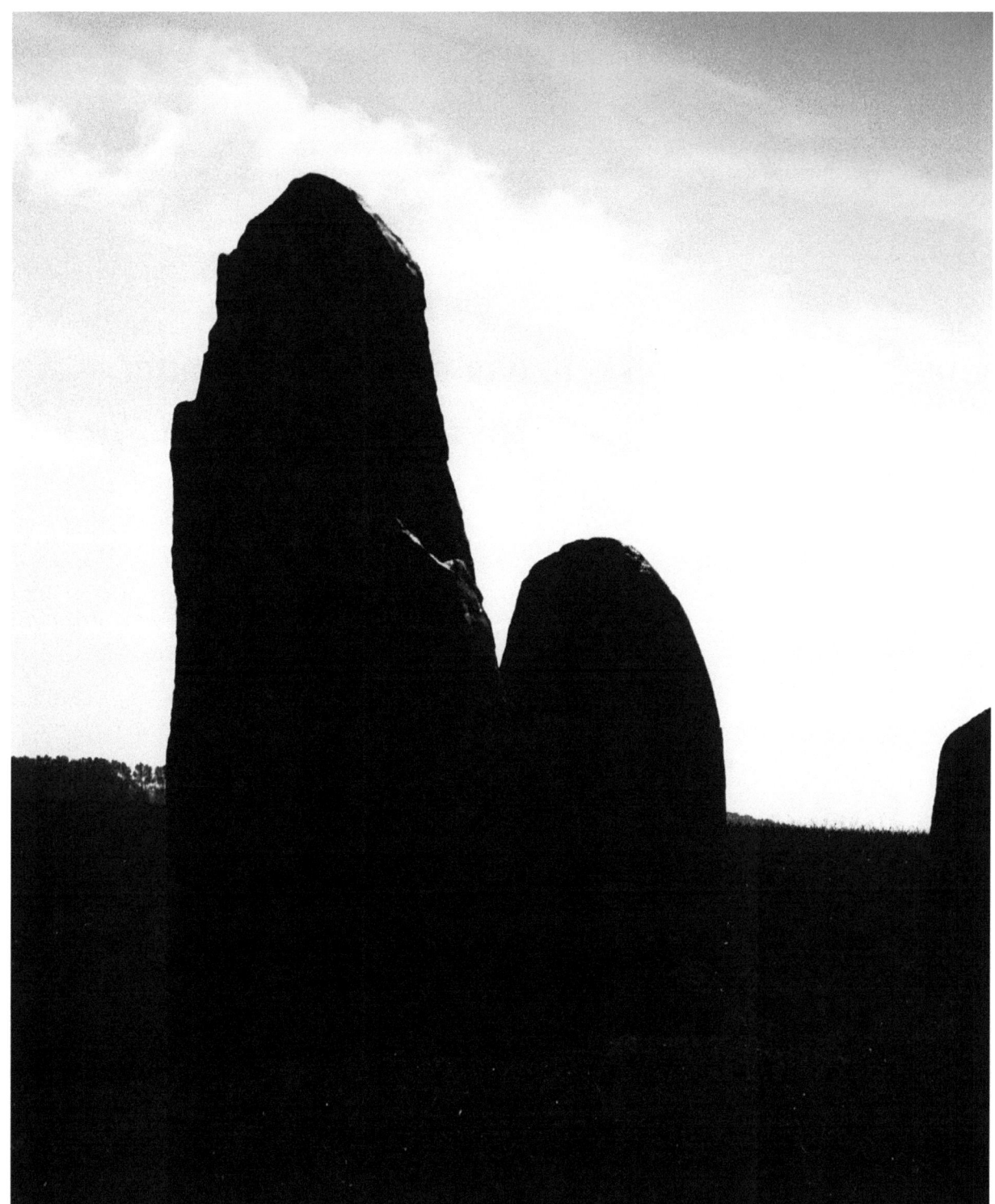

Genom stormar och solsken, dag och natt, fortsätter stävstenen att tänka och reflektera. Den förblir en symbol för tidlös visdom.

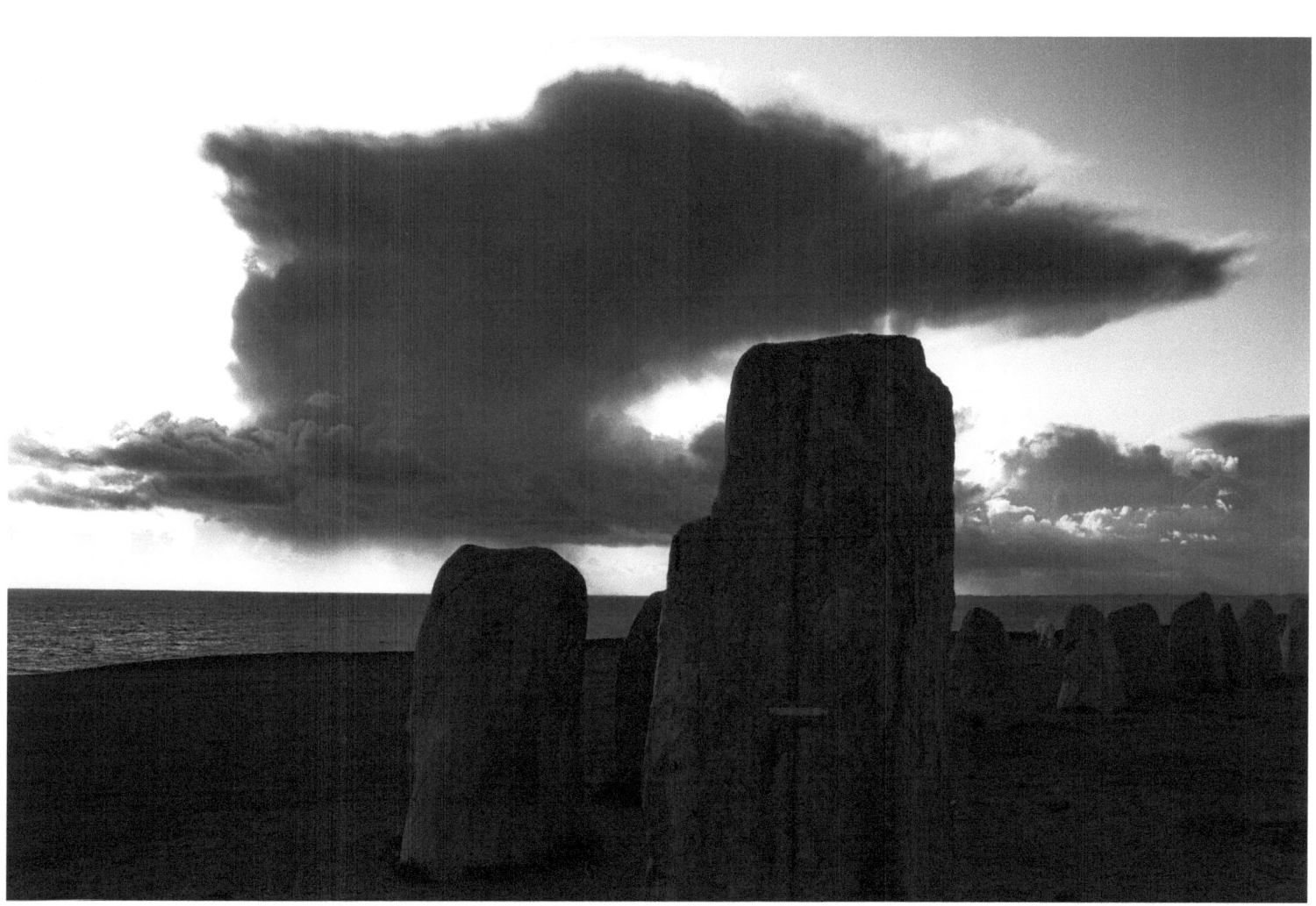

Genom slöjorna dämpas fjärran ljud, som om jorden själv viskar till de gamla stenarna. I tystnaden sipprar tankar fram som leder bortom tid och rum.

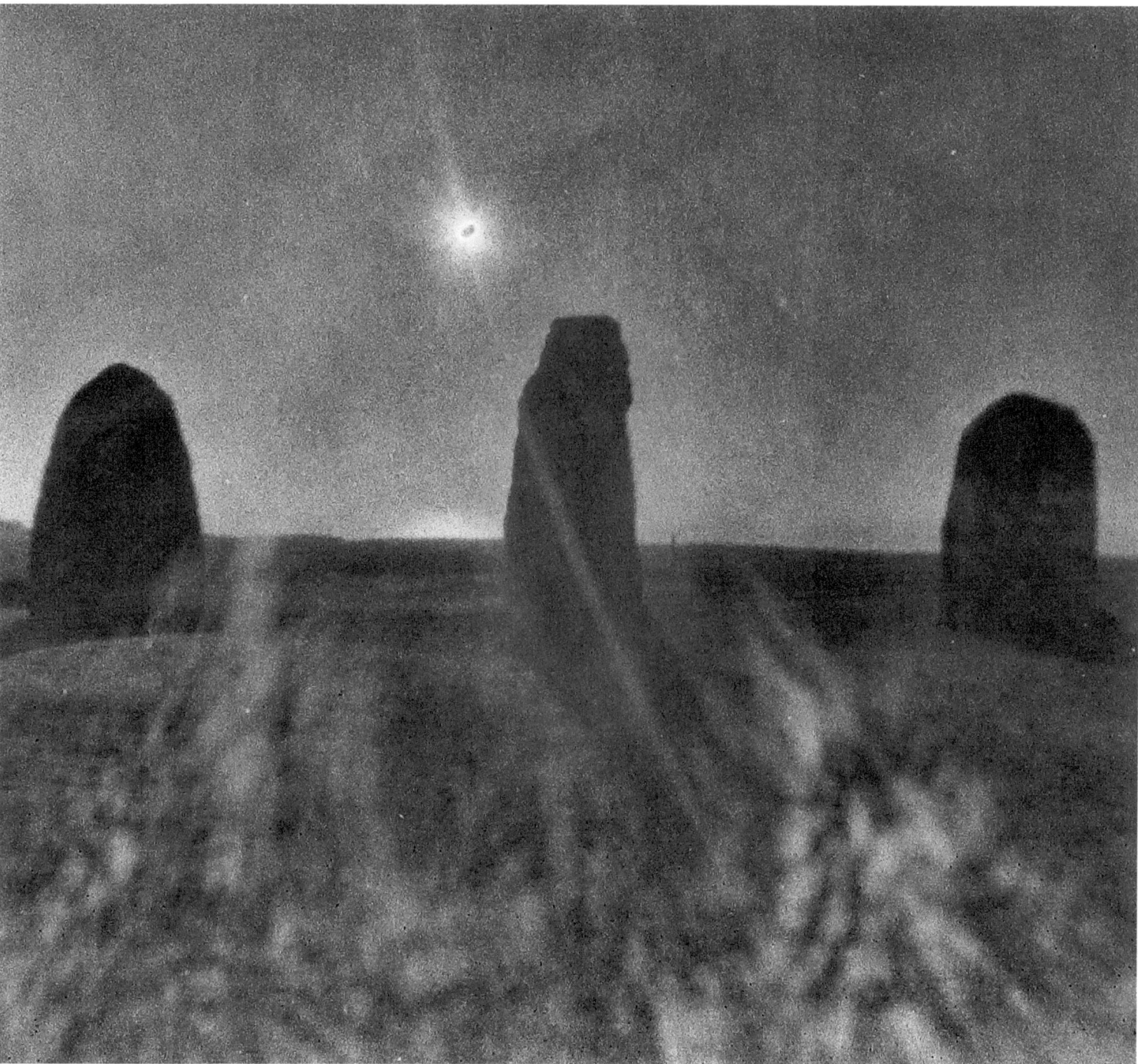

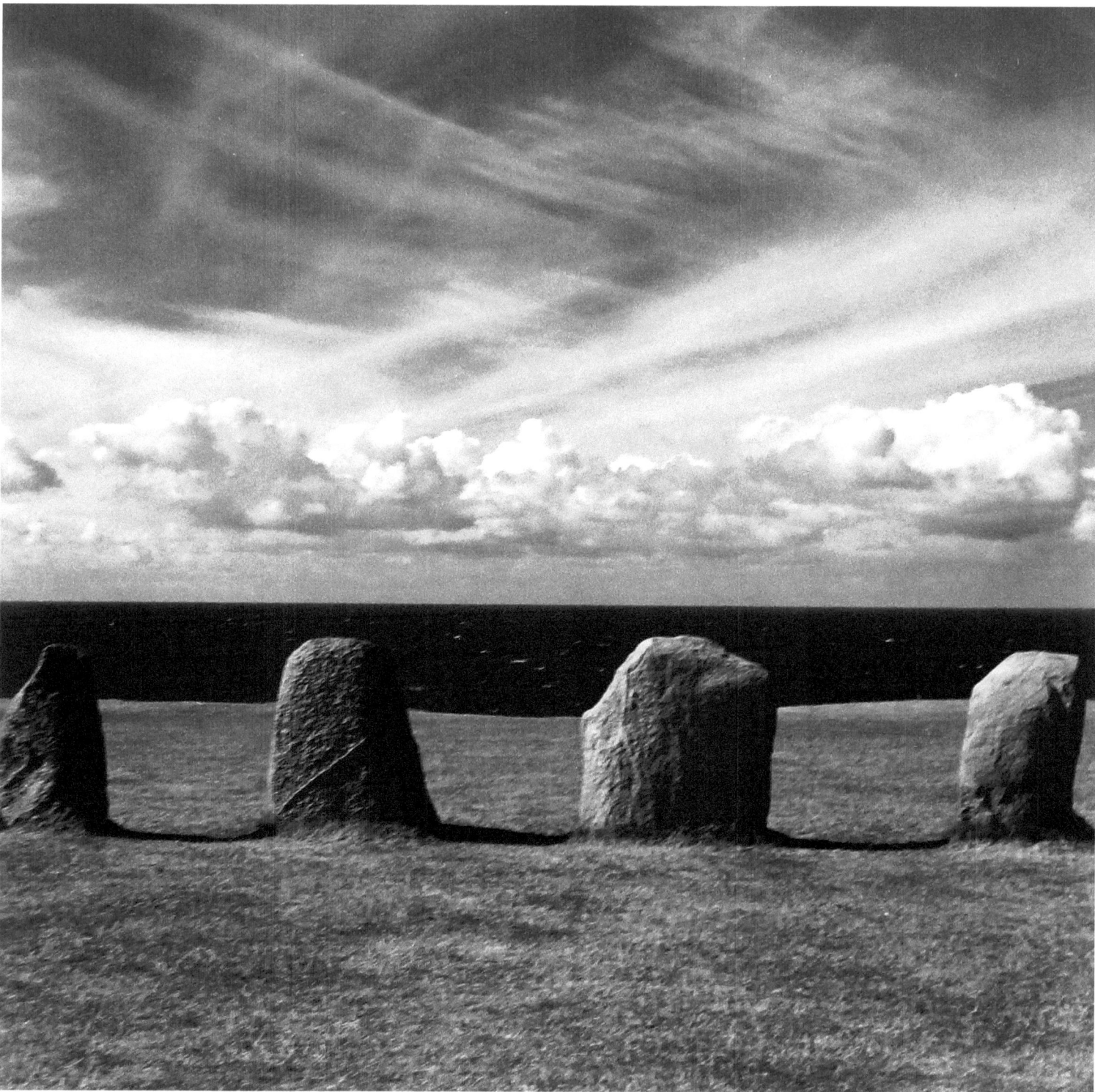

Dimman sveper mjukt in över stenarna i Ale, slår en slöja över deras uråldriga gestalt. Som en omfamning virvlar dimman kring de väderbitna stenarna.

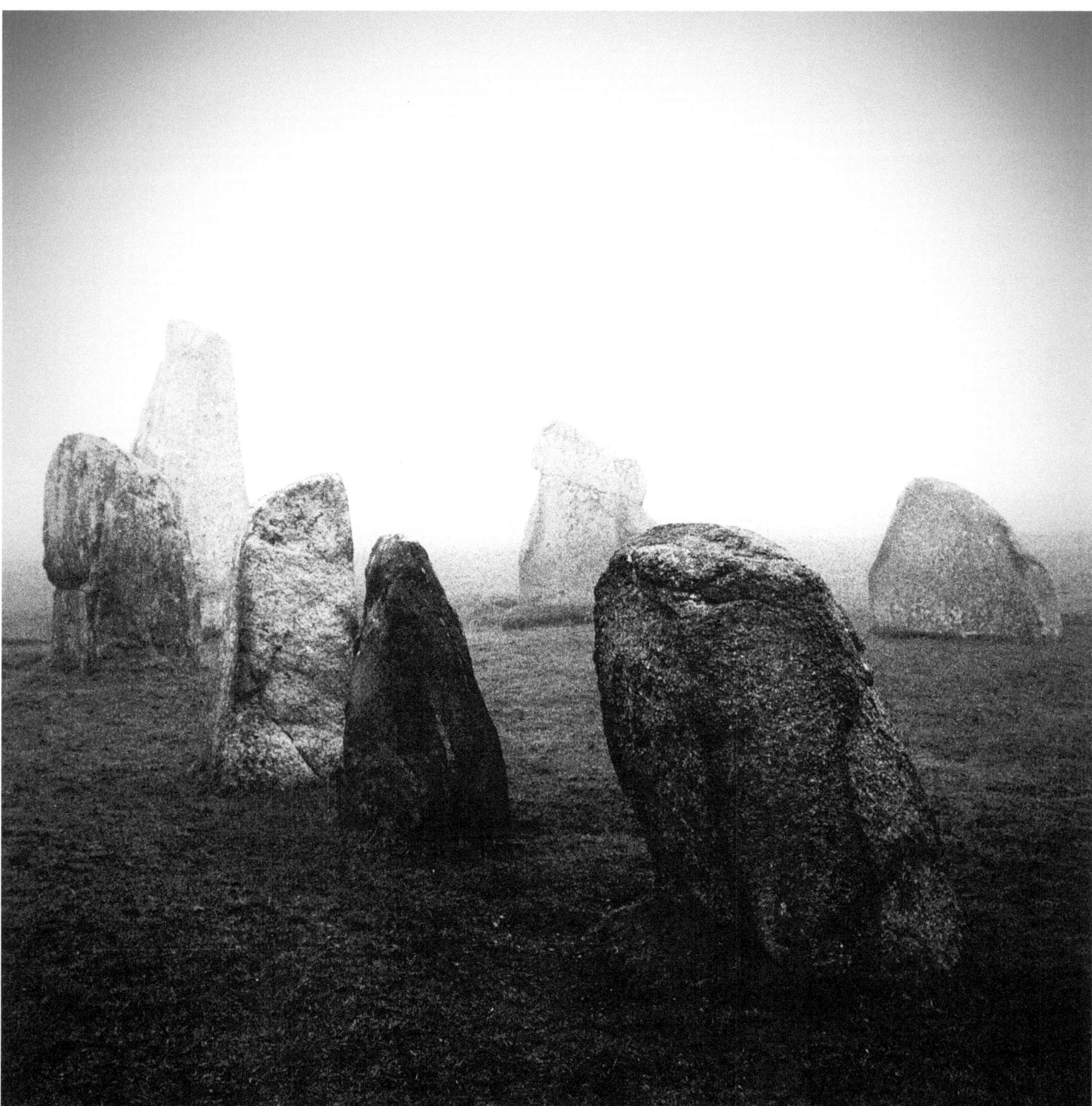

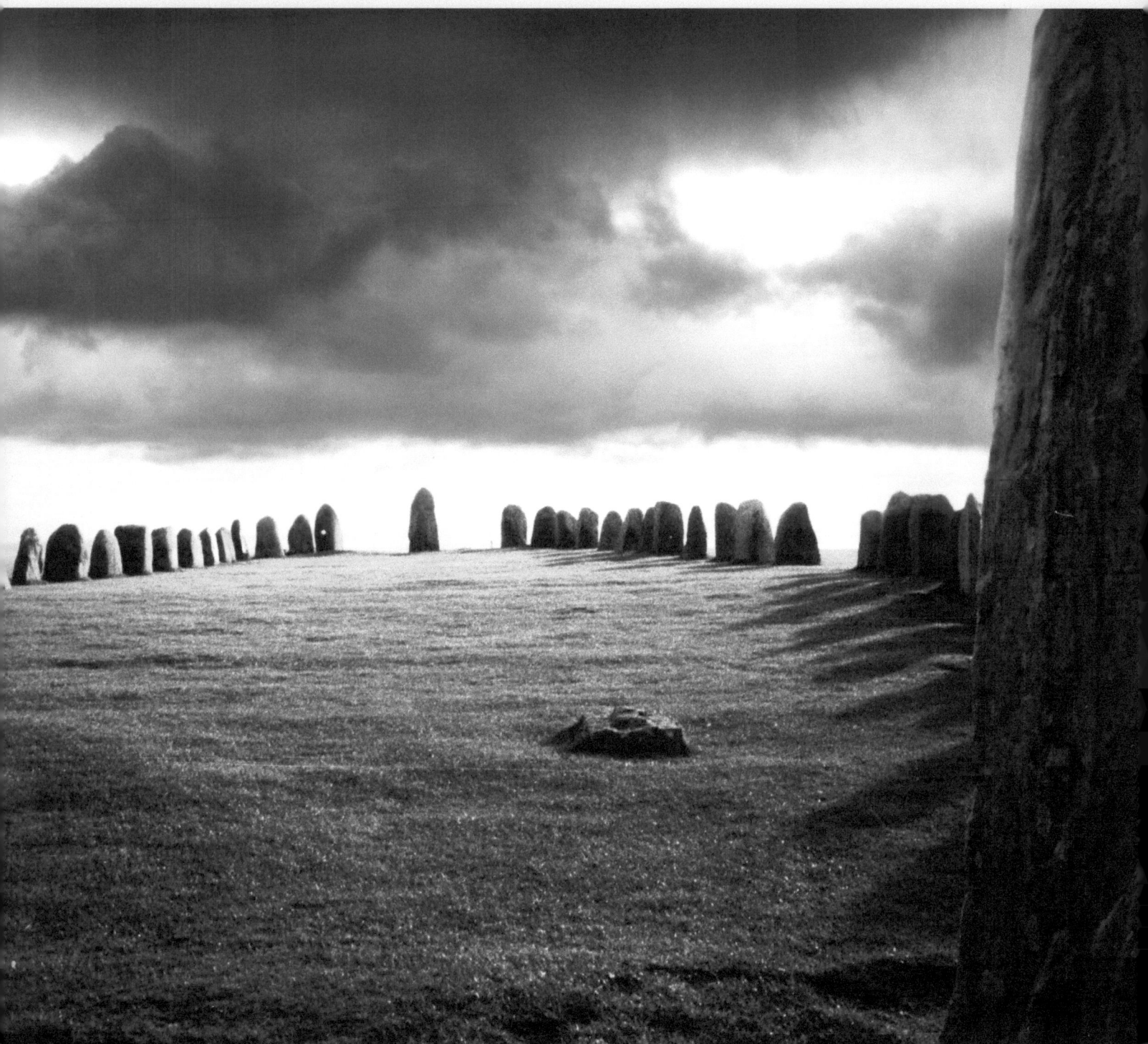

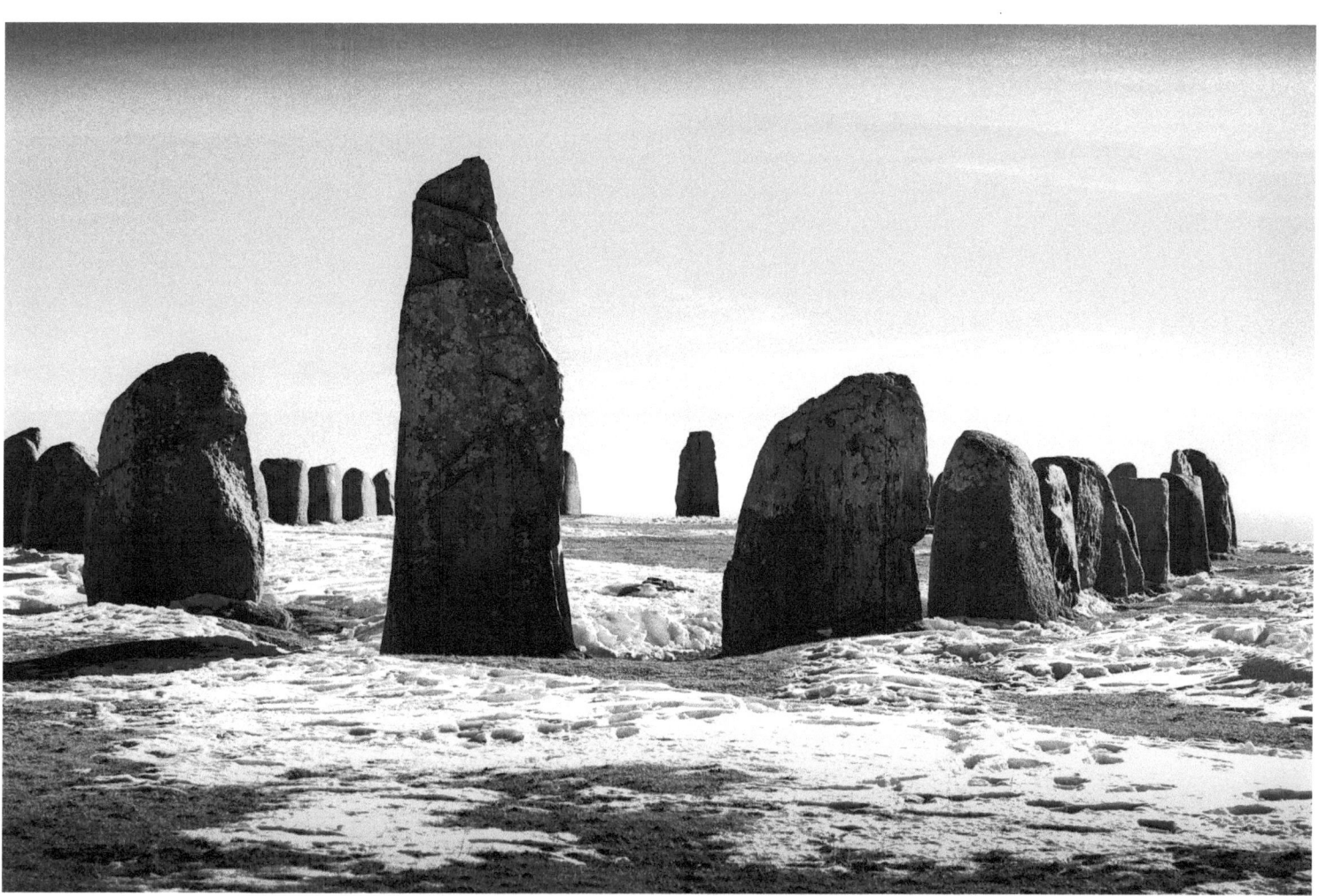

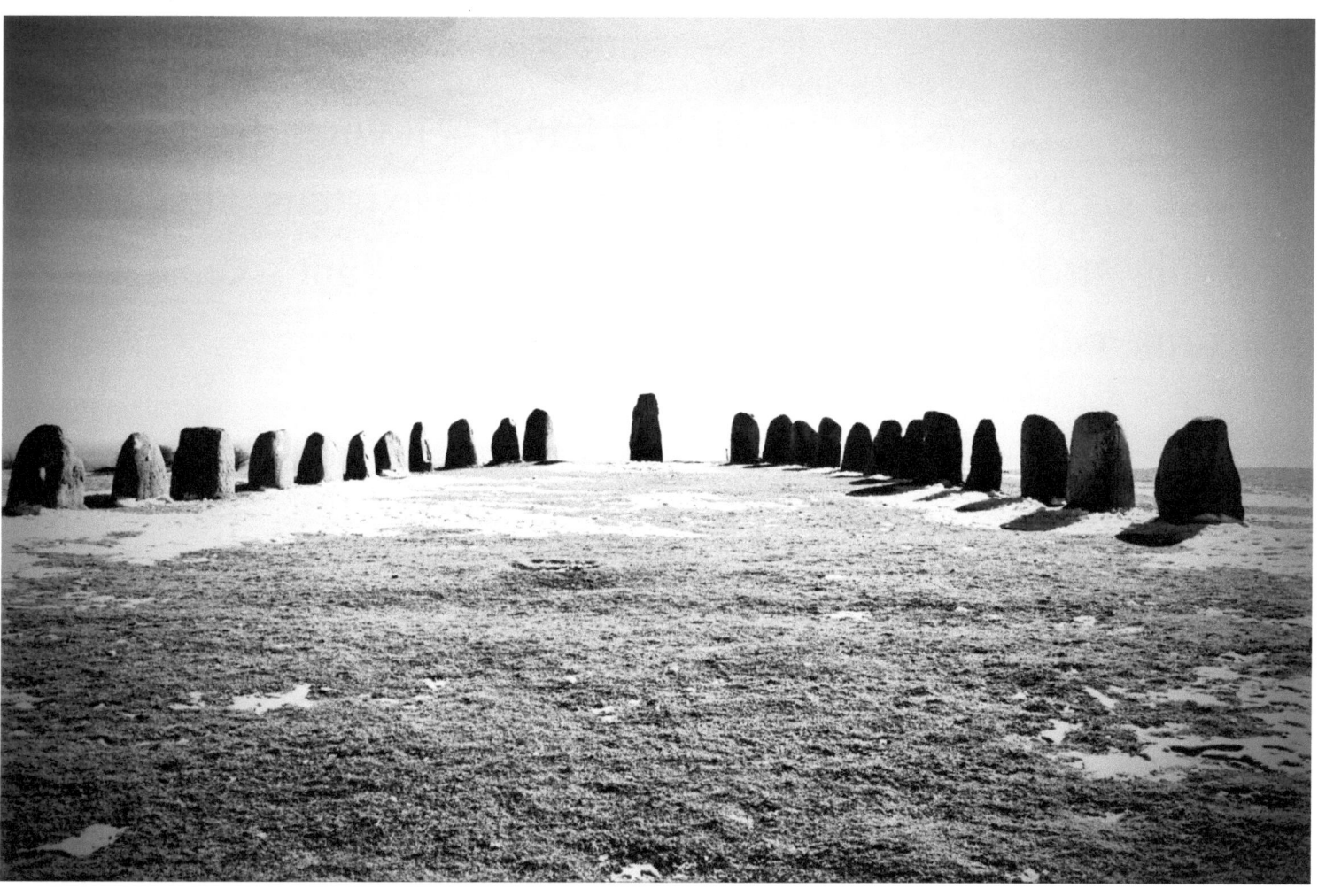

Vid kustens rand, där Ale möter havet och vindarna blåser, reser sig de grå stenarna obevekliga i sin existens. Genom tidens ström har de skådat brusande vågor, känt solens värme och nattens kyla.

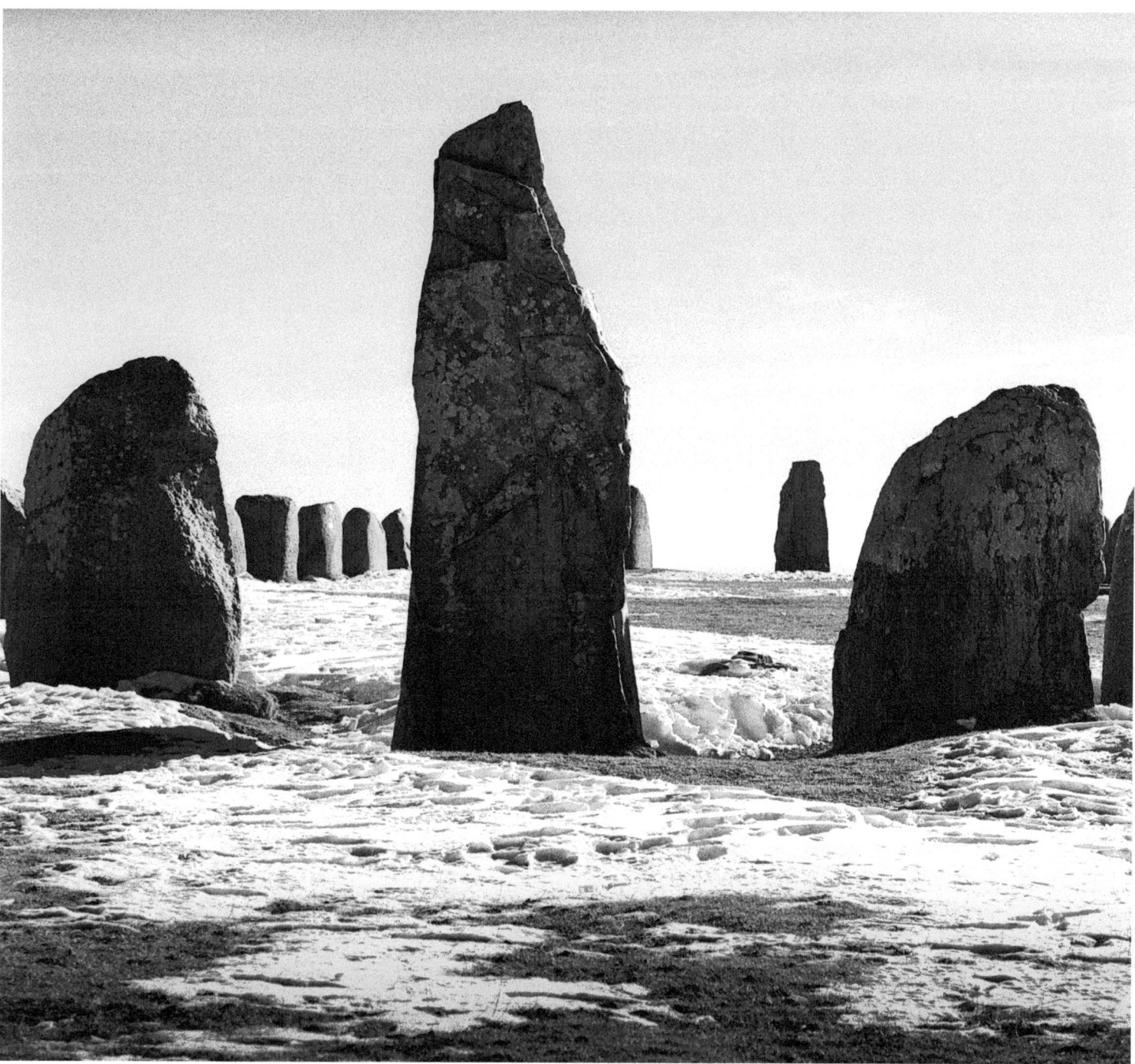

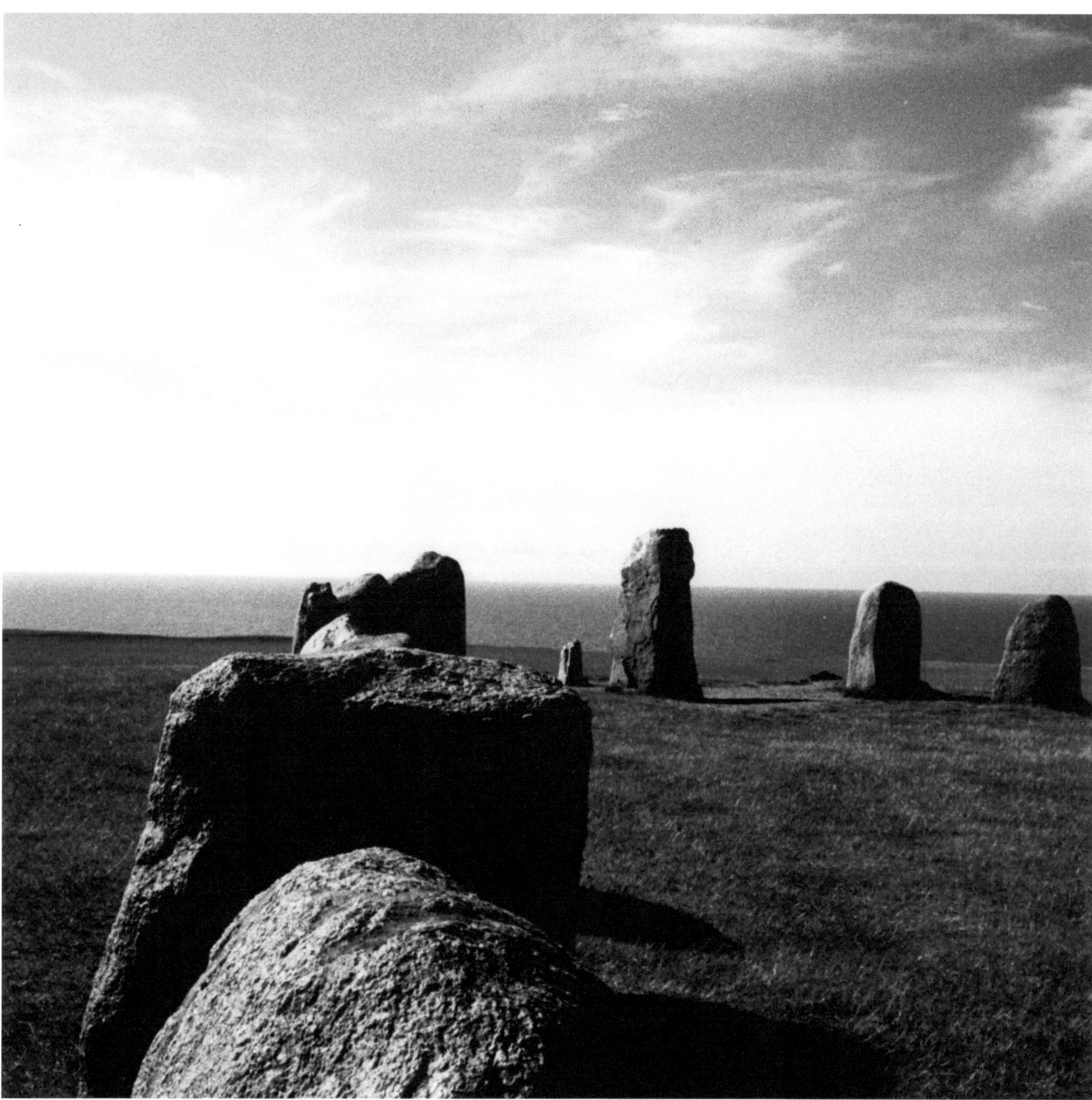

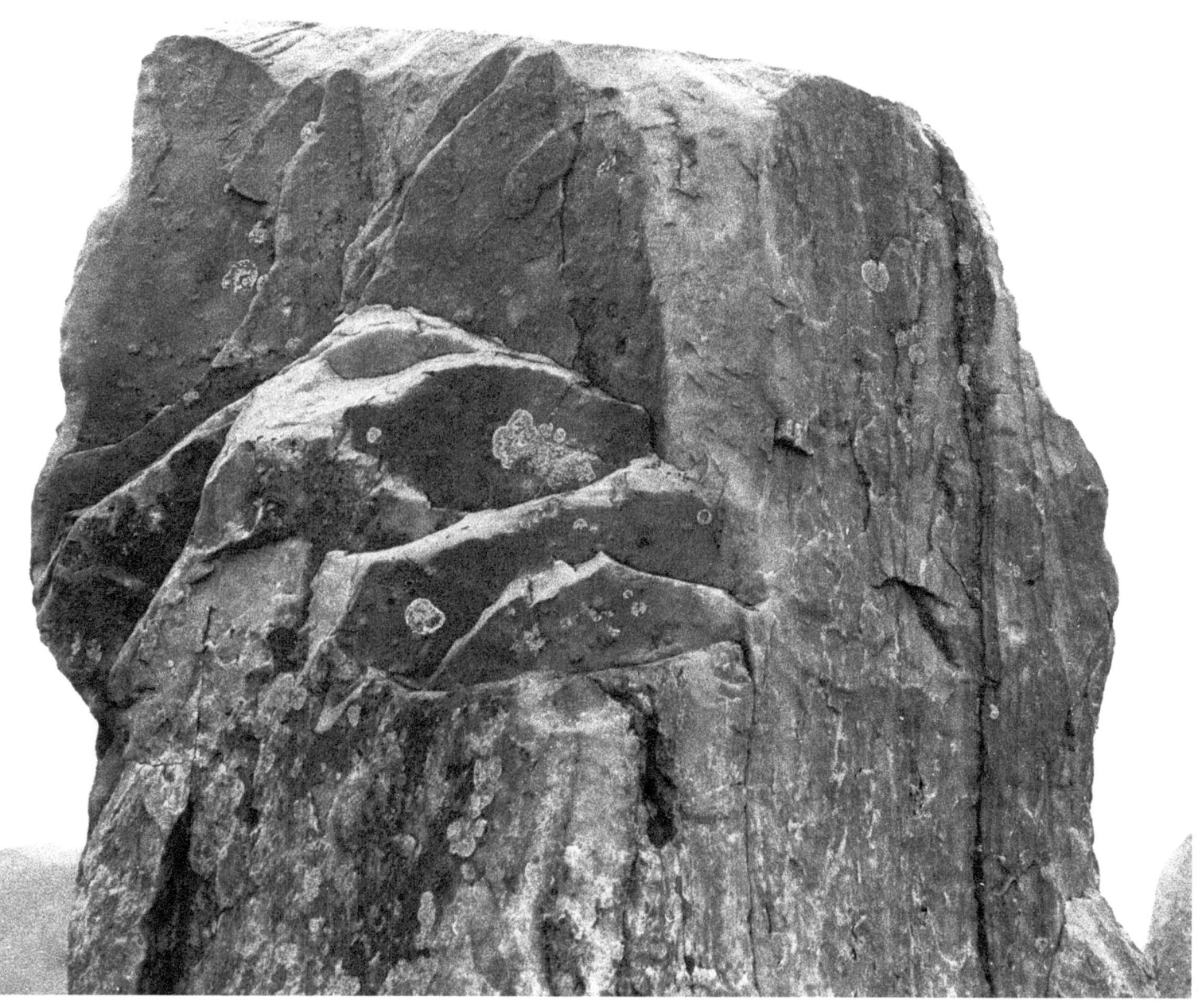

Vid Ale stenar lutar sig två hjärtan. De står tillsammans vid havets brus.
Deras kärlek är stark som sten.

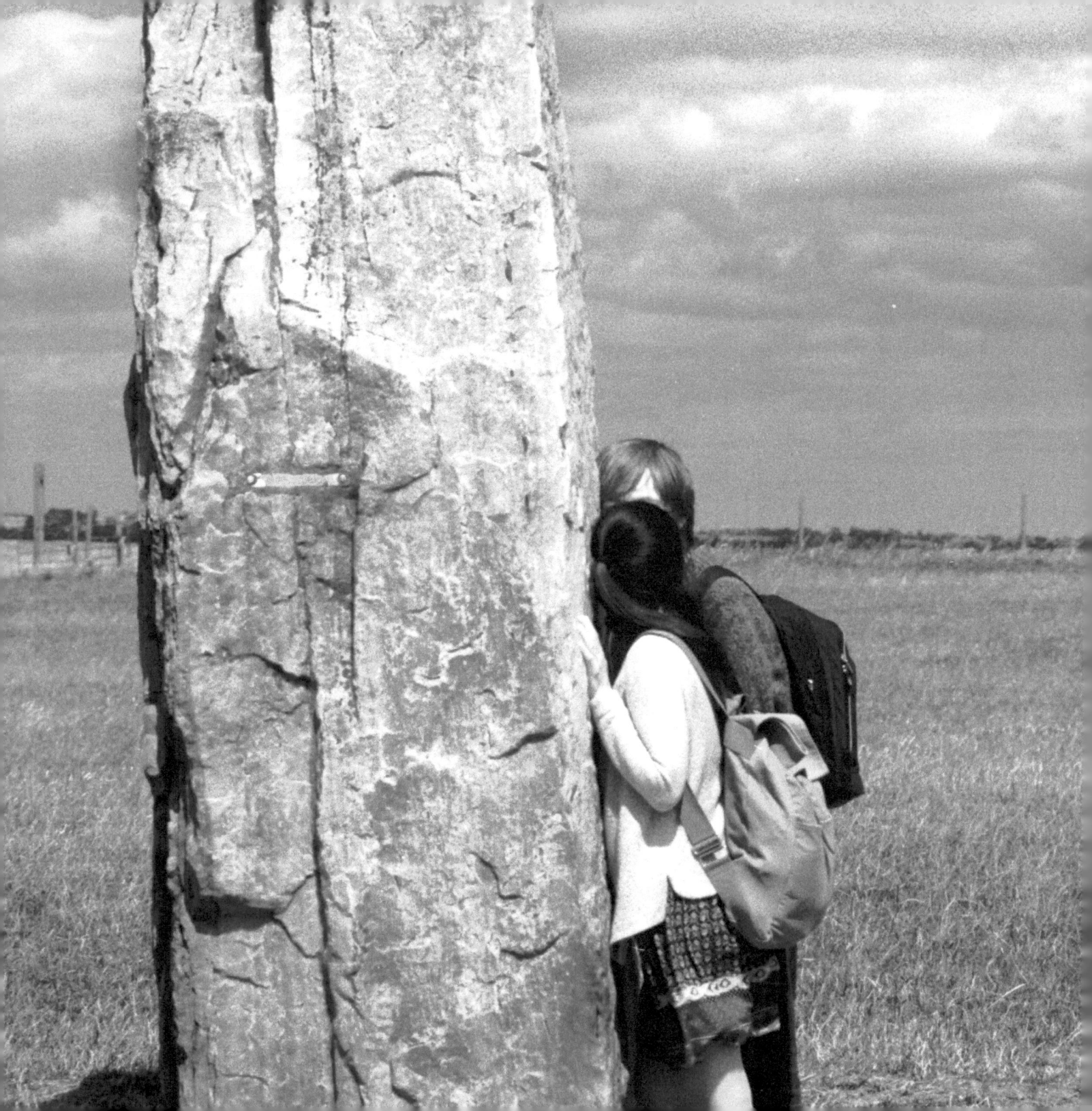

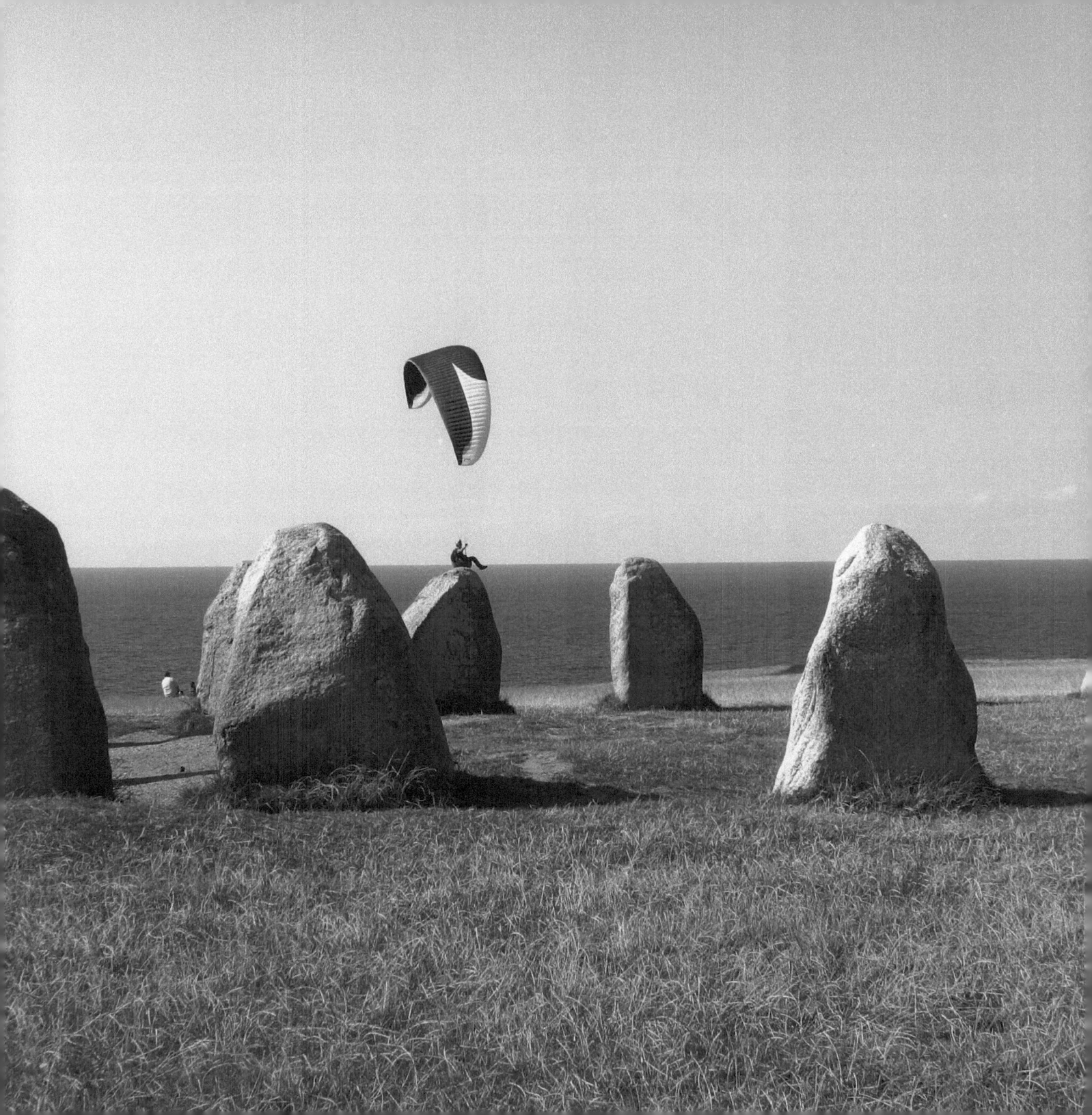

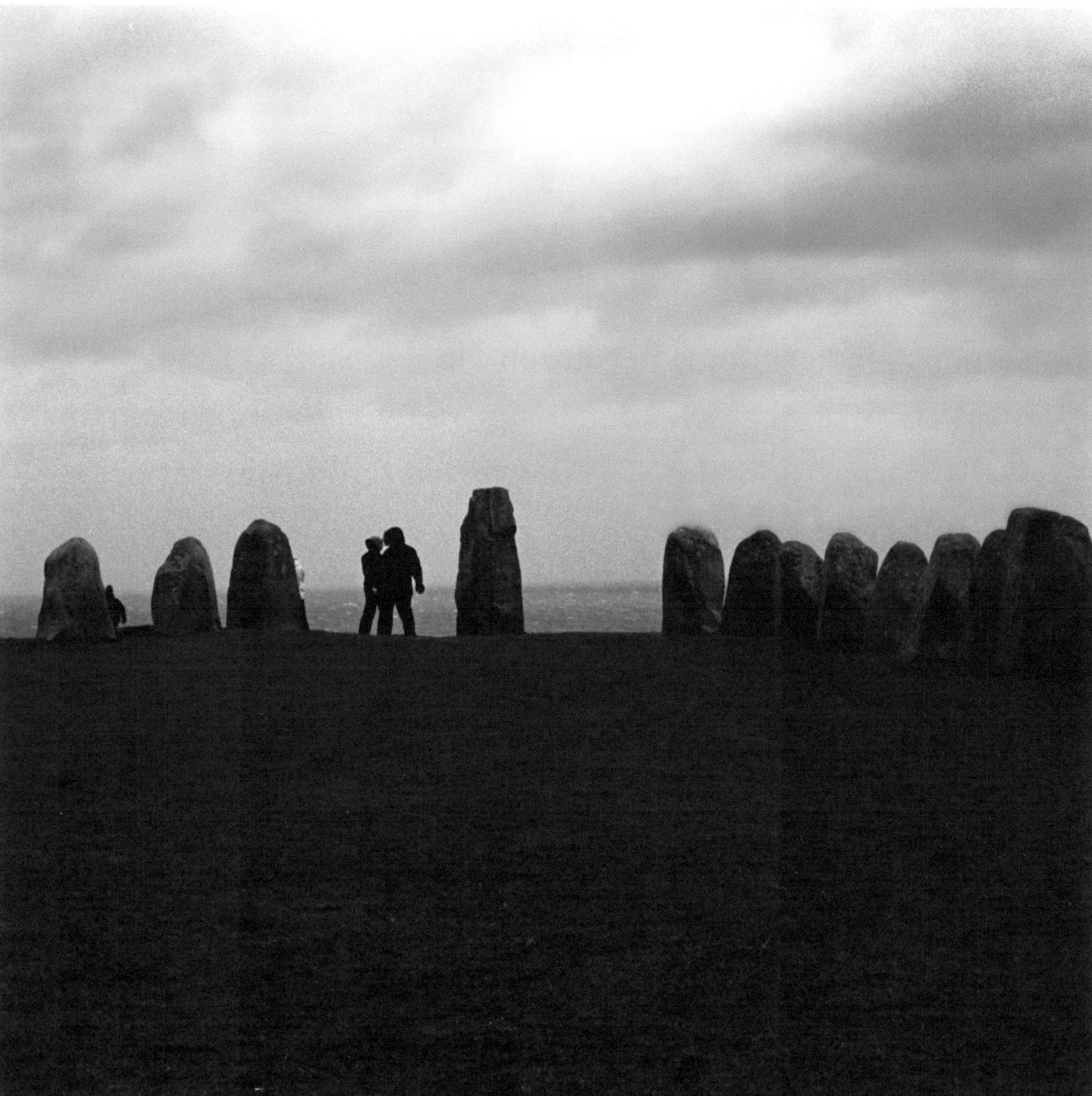

Barnens glada skratt fyller luften vid Ale stenar. De utforskar historien och känner sig som vandrare i en annan tid. Stenarnas storhet och gudarnas närvaro inspirerar deras lekfullhet och fantasi.

Två äldre män står och blickar ut över havet.

De talar glatt om de gamla minnen de delar och känner att livet just har börjat. De vet att det fortfarande finns så mycket att glädjas åt.

När den salta brisen smeker deras ansikten, glittrar deras ögon av nostalgi och glädje. Med varje våg som kraschar mot stranden minns de äventyren, skratten de delat och utmaningarna de erövrat sida vid sida.

I deras livliga samtal uttrycker de tacksamhet för de erfarenheter som format dem, för den visdom de har vunnit genom åren. De njuter av nuets skönhet, finner tröst i den stillsamma utsträckningen av Östersjönhavet, som sträcker sig oändligt framför dem.

Med leenden ingraverade på sina väderbitna ansikten talar de om drömmarna som fortfarande dansar inom deras hjärtan. De lovar att gripa varje tillfälle, smaka på varje dyrbart ögonblick, för de tror att livets under inte är bundna av ålder. Utan finns där att värdesätta vid varje skede.

I sällskap av havets rytmiska melodi och en livslång vänskap finner de ro och bekräftelse. Deras själar svävar, drivna av tron att det finns så mycket mer, så många anledningar att fira och otaliga berättelser som ännu ska vävas in i livets väv.

Och när segelbåtarna gungar i fjärran, bärs av möjligheternas vindar, står dessa två släktsjälar med hjärtan fyllda av hopp. Tacksamma för den resa de delat och ivriga att få uppleva de kapitlen som ligger framför dem.

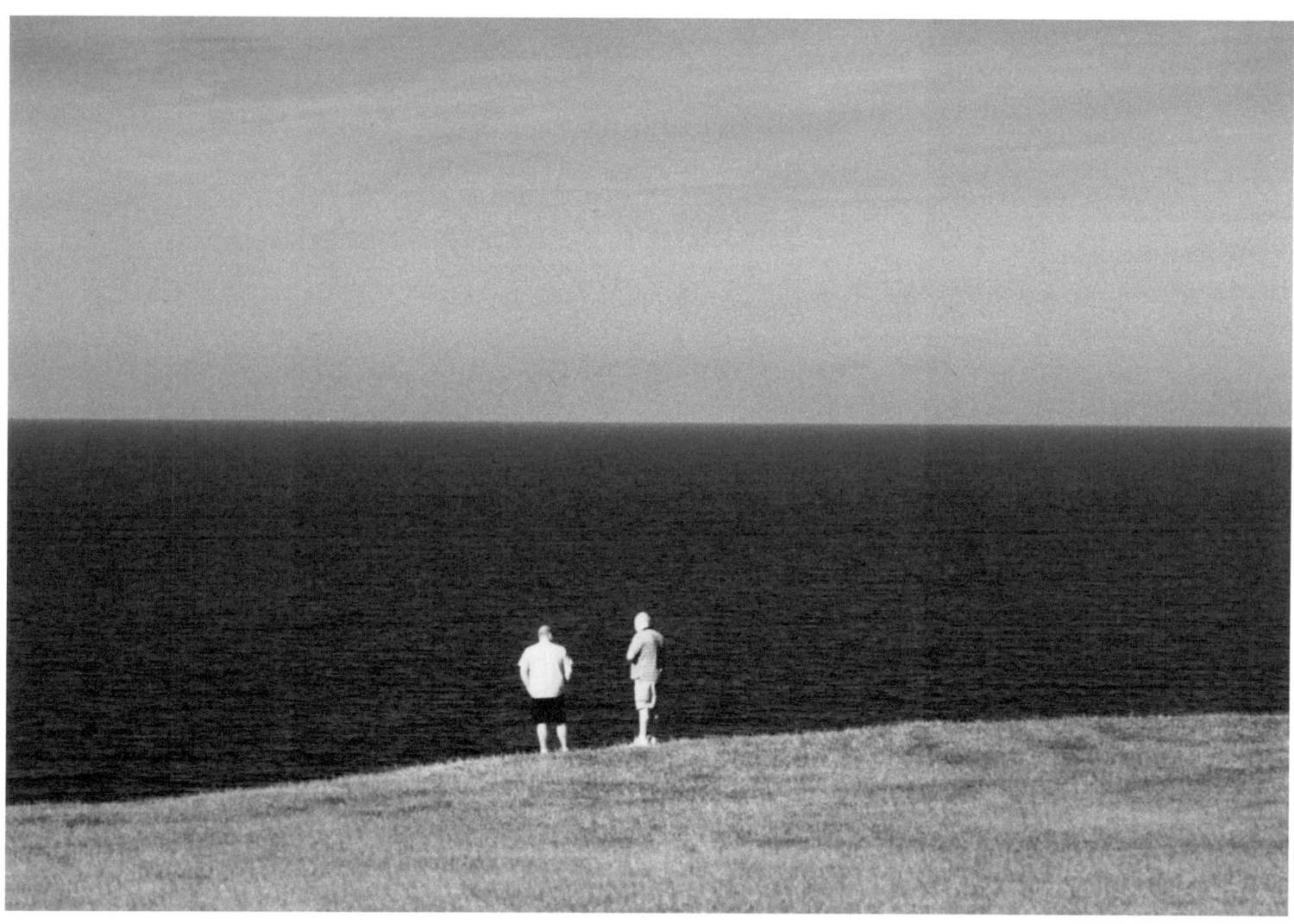

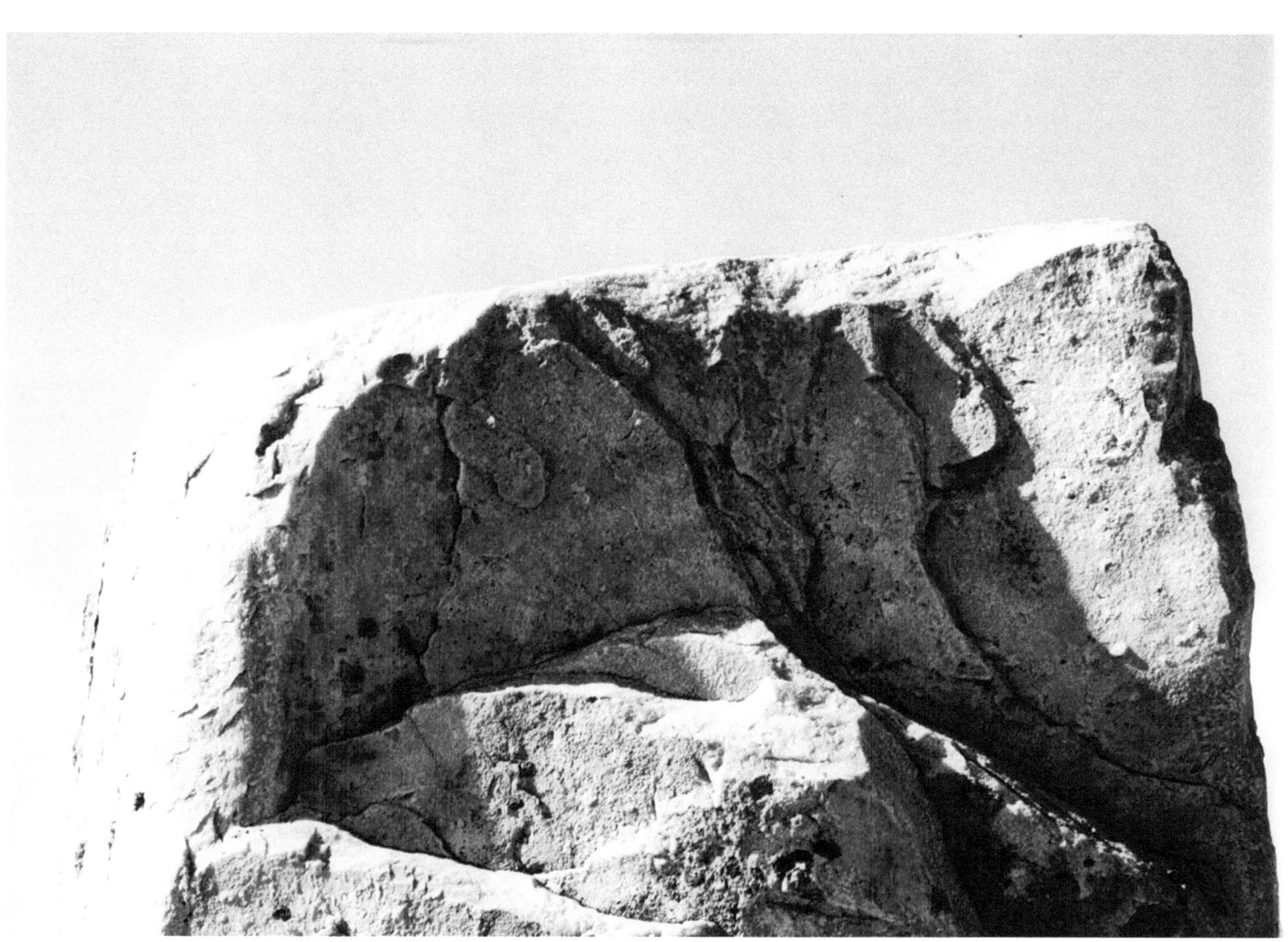

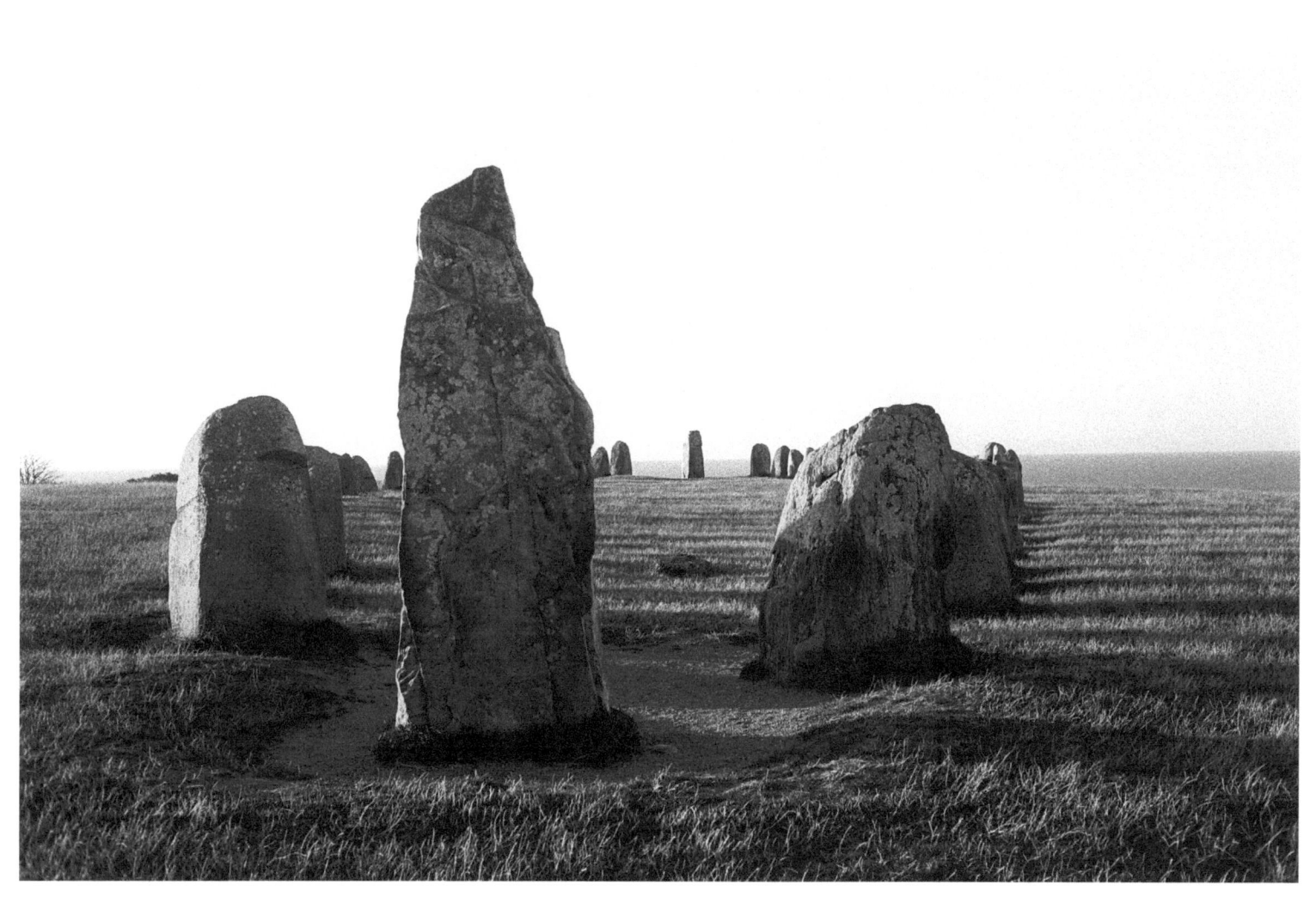

Människor sitter vid Kåseberga och låter sina blickar svepa ut över det oändliga havet. De känner vindens dans mot sina kinder och följer en segelbåt som tyst seglar mot en avlägsen hamn,

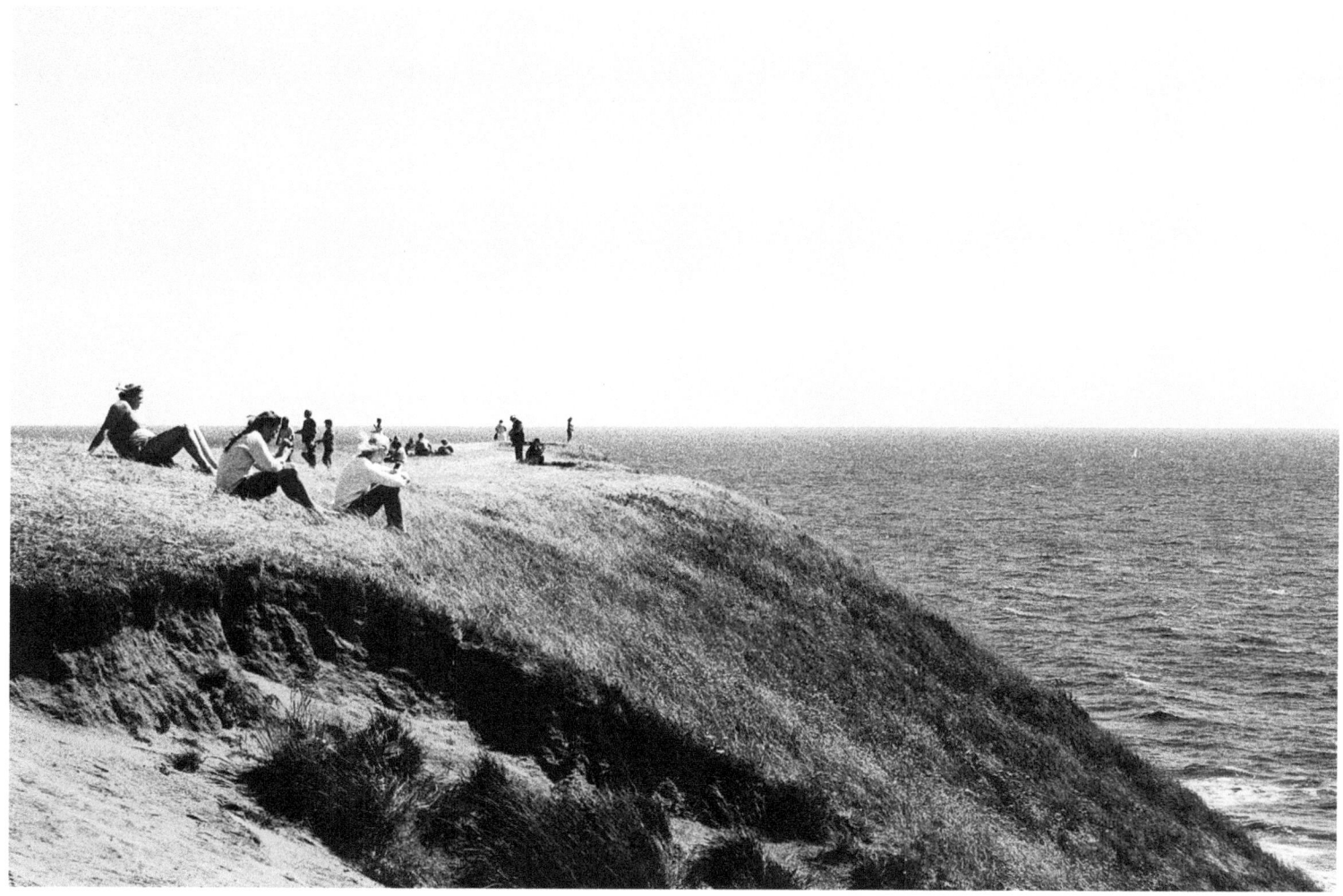

Ale stenar är en imponerande och gåtfull skeppssättning.

Den ligger på den svenska sydkusten ovan byn Kåseberga i Skåne. Platsen är en av Sveriges mest besökta.

Skeppssättningen Ales stenar består av 59 stora stenar, som är arrangerade i en skeppsform. Stenarna väger cirka 5 ton och står 32 meter över havet på Kåsehuvud, med utsikt över Östersjön.

Den är Sveriges största bevarade skeppssättning och är ungefär 67 meter lång och 19 meter bred. De flesta stenarna i skeppssättningen är av granit från Kåsebergaåsen. Stävstenarna och altarstenarna är av Hardebergasandsten. Roderstenen är av vit kvartsit.

Skeppssättningen byggdes under vendeltiden, mellan åren 540 - 790.

Det finns många teorier om varför Ale stenar byggdes.

En populär teori är, att de användes som en plats för religiösa eller ceremoniella ändamål. Andra tror att stenarna kan ha använts som en astronomisk kalender. Det kan ha skett begravningar på platsen, under järnåldern.

Ale stenar har också varit föremål för en mängd olika arkeologiska undersökningar och studier. Under senare tid har forskare genomfört georadarundersökningar av marken under stenarna. De har avslöjat, att det kan finnas fler stenar som inte har hittats ännu.

Somerled Karlsson är en fotograf som specialiserar sig på att använda antika kameror, för att fånga naturens motiv. Hans bilder kännetecknas av strävan efter naturlig skönhet och visuell styrka. Somerled har en unik förmåga att skapa bilder som förmedlar känslan av lugn och harmoni, samtidigt som de är estetiskt tilltalande. Med passion för naturen och öga för detaljer, är Somerled en inspirerande fotograf.

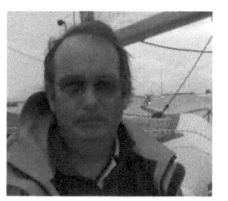

Somerleds fotografier är tillgängliga för köp genom Fine Art America via hans webbplats på **www.somerled.com.** Utforska hans galleri och upptäck möjligheten att föra skönheten i hans verk in i ditt eget hem

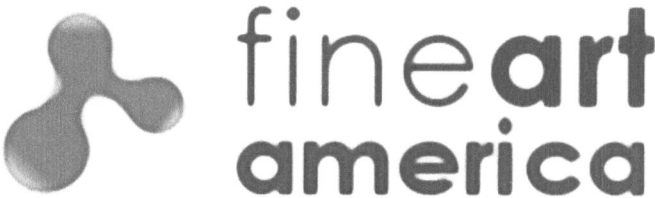

www.ingramcontent.com/pod-product-compliance
Lightning Source LLC
Chambersburg PA
CBHW051155220526
45473CB00003B/785